Comportamento do consumidor e pesquisa de mercado

Central de Qualidade — FGV Management
ouvidoria@fgv.br

PUBLICAÇÕES
FGV Management

SÉRIE MARKETING

Comportamento do consumidor e pesquisa de mercado

3ª edição

Roberto Meireles Pinheiro
Guilherme Caldas de Castro
Helder Haddad Silva
José Mauro Gonçalves Nunes

FGV management
FGV EDITORA

ISBN — 978-85-225-0470-9

Direitos desta edição reservados à
EDITORA FGV
Rua Jornalista Orlando Dantas, 37
22231-010 — Rio de Janeiro, RJ — Brasil
Tels.: 0800-21-7777 — 21-2559-4427
Fax: 21-2559-4430
e-mail: editora@fgv.br — pedidoseditora@fgv.br
web site: www.editora.fgv.br

Impresso no Brasil / Printed in Brazil

1ª edição — 2004
2ª edição revista — 2005
3ª edição — 2006
1ª reimpressão — 2006
2ª reimpressão — 2007
3ª, 4ª e 5ª reimpressões — 2008

Revisão de originais: Vicente Gesualdi

Editoração eletrônica: FA Editoração Eletrônica

Revisão: Aleidis de Beltran e Fatima Caroni

Capa: aspecto:design

Ilustração de capa: Romero Cavalcanti

Pinheiro, Roberto Meireles
Comportamento do consumidor e pesquisa de mercado / Roberto Meireles Pinheiro, Guilherme Caldas de Castro, Helder Haddad Silva, José Mauro Gonçalves Nunes. — 3. ed. — Rio de Janeiro : Editora FGV, 2006.
164 p. — (Marketing)

Acima do título: Publicações FGV Management.
Inclui bibliografia.

1. Comportamento do consumidor. 2. Pesquisa de mercado. I. Castro, Guilherme Caldas de. II. Silva, Helder Haddad. III. Nunes, José Mauro Gonçalves. IV. Fundação Getulio Vargas. V. Título. VI. Série.

CDD-658.834

Aos nossos alunos e aos nossos colegas docentes,
que nos levam a pensar e repensar as nossas práticas.

Sumário

Apresentação

Este livro faz parte da Série Marketing das Publicações FGV Management, programa de educação continuada da Fundação Getulio Vargas (FGV).

Instituição de direito privado com mais de meio século de existência, a FGV vem gerando conhecimento por meio da pesquisa, transmitindo informações e capacitando por meio da educação, prestando assistência técnica a organizações e contribuindo para um Brasil sustentável e competitivo no cenário internacional.

A FGV é composta de várias unidades, cabendo aqui destacar a Escola de Pós-Graduação em Economia (EPGE) e a Escola Brasileira de Administração Pública e de Empresas (Ebape). A EPGE, criada em 1961 pelo professor Mario Henrique Simonsen, é a mais antiga escola de pós-graduação em economia do Brasil. A Ebape, criada em 1952 com o apoio das Nações Unidas, é a mais antiga escola de administração da América do Sul. Ambas as escolas têm sua excelência internacionalmente reconhecida, e é de sua interação que emana o FGV Management.

Para viabilizar sua vocação e propósitos, o FGV Management possui uma rede de conveniados em todo o país (ver www.fgv.br/fgvmanagement).

As Publicações FGV Management representam mais um esforço da FGV em socializar seu aprendizado e suas conquistas. Os livros desta série, escritos por professores do FGV Management, profissionais de reconhecida competência acadêmica e prática, visam atender às demandas do mercado, tendo como suporte sólida fundamentação teórica.

A FGV espera, com mais esta iniciativa, oferecer a estudantes, gestores e técnicos — a todos, enfim, que têm internalizado o conceito de educação continuada, tão relevante nesta era do conhecimento em que vivemos — insumos que, agregados às suas práticas, possam contribuir para sua especialização, atualização e aperfeiçoamento.

Clovis de Faro
Diretor do Instituto de Desenvolvimento Educacional

Bianor Cavalcanti
Diretor da Escola Brasileira de Administração Pública e de Empresas

Ricardo Spinelli de Carvalho
Diretor executivo do FGV Management

Sylvia Constant Vergara
Coordenadora das Publicações FGV Management

Introdução

Este livro representa um compromisso de longo prazo de seus autores com uma abordagem do estudo do comportamento do consumidor, da pesquisa de marketing e da segmentação, alicerces fundamentais para o desenvolvimento do marketing como filosofia de negócios e processo de gestão. A intenção da presente obra é conciliar a discussão dos aspectos conceituais com uma abordagem mais pragmática dos temas tratados, permitindo uma leitura favorecedora do aprendizado de estudantes e de profissionais.

A estrutura do livro, a seleção de conteúdos e a escolha dos casos relatados têm como base a experiência dos autores em sala de aula e em cursos de pós-graduação realizados em diversos estados brasileiros, levando-se em conta as vivências profissionais de cada um deles. Algumas características da presente obra são:

- texto de fácil leitura com o objetivo de estimular os leitores por meio de exemplos adequados, que podem subsidiar aplicações desafiadoras;
- cobertura integrada de conceitos tradicionais e contemporâneos oriundos de outras obras importantes já publicadas na área, sempre ligados à prática.

Com o objetivo de oferecer um embasamento conceitual, o capítulo 1 aborda as principais teorias sobre o comportamento do consumidor, tais como a teoria da racionalidade econômica, comportamental, psicanalítica e cognitivista. Os fatores sociais, antropológicos, psicológicos, socioculturais e situacionais são levados em conta porque influem no comportamento de compra e preparam o leitor para o capítulo 2, que discute os tipos de compra e o processo decisório de consumo, com especial atenção para os conceitos de envolvimento e tipos de decisão. Nele também são tratadas as influências contextuais. O comportamento do consumidor organizacional também é abordado no capítulo 2.

O capítulo 3 discute as aplicações da pesquisa de marketing e o sistema de informações de marketing (SIM). O capítulo 4 aborda a pesquisa quantitativa, abrangendo a ação de planejamento, os procedimentos de campo, o processo de instrução aos entrevistadores, os métodos de coleta de dados, a preparação e tabulação dos dados, a análise e apresentação de resultados e, por fim, o relatório final de pesquisa.

A pesquisa qualitativa e outras classificações são apresentadas no capítulo 5, que trata das características e limitações da metodologia qualitativa, com foco sobre as etapas de planejamento, recrutamento e seleção de entrevistados e coleta de dados. Esse capítulo destaca as discussões em grupo e as entrevistas individuais em profundidade, em especial no que diz respeito à análise e à apresentação de resultados.

O capítulo 6 apresenta a segmentação de mercado, seus objetivos gerais e específicos, benefícios e limitações discutindo as opções e os critérios de segmentação. Nele, também são discutidos o posicionamento estratégico do produto e a realização do estudo de segmentação.

1

Teorias sobre o comportamento do consumidor e fatores de influência no processo de compra

Neste capítulo pretendemos abordar o comportamento do consumidor e os fatores de influência no comportamento de compra. Estudaremos os elementos responsáveis pelo comportamento de compra do consumidor, seja este final ou organizacional, abordando ainda o processo de percepção de valor por parte de ambos e subsidiando a compreensão deste aspecto central para o marketing.

Teorias sobre o comportamento do consumidor

Segundo Solomon (2002:24), o comportamento do consumidor é entendido como o "estudo dos processos envolvidos quando indivíduos ou grupos selecionam, compram, usam ou dispõem de produtos, serviços, idéias ou experiências para satisfazer necessidades e desejos". Desta maneira, seu âmbito gira em torno dos processos cognitivos, motivacionais e emocionais que antecedem e sucedem a obtenção, o consumo e a disposição de bens tangíveis e intangíveis, produtos ou serviços.

Dada a própria complexidade do tema, o comportamento do consumidor é uma área interdisciplinar, envolvendo conceitos e ferramentas metodológicas de diferentes áreas do conhecimento, como a psicologia, a economia, a sociologia, a antropologia cultural, a semiótica, a demografia e a história.

Mais do que nunca, o estudo do comportamento do consumidor é de fundamental importância para os profissionais de marketing, por permitir que se compreenda a geração de valor para o consumidor, dado o seu propósito central de satisfação das necessidades e desejos dos clientes. Além do mais, compreender estas necessidades e desejos ajuda o profissional de marketing a pensar o mercado com os corações e as mentes dos consumidores, evitando, assim, um viés comumente descrito na literatura de marketing denominado "miopia de marketing"[1] (Levitt, 1985).

Schiffman e Kanuk (2000) descrevem dois tipos básicos de consumidores: o *consumidor final*, também chamado de *consumidor pessoal* ou *usuário final*, e o *consumidor organizacional*. O consumidor final é representado pelas pessoas físicas que compram bens e serviços para o seu uso, para o uso do lar ou para outras pessoas. O consumidor organizacional inclui organizações de todos os tipos, com ou sem fins lucrativos, os órgãos do governo municipal, estadual e federal e as instituições civis (organizações não-governamentais) que necessitam comprar produtos, equipamentos e serviços. Dadas as suas características, estes dois tipos de consumidores serão avaliados separadamente nos próximos capítulos.

[1] Erro no planejamento de marketing que consiste numa análise tendenciosa do mercado, ao avaliá-lo sob a perspectiva da empresa, não levando em consideração as características psicológicas, comportamentais, sociais e culturais dos consumidores aos quais o produto se dirige.

As principais abordagens teóricas empregadas no estudo do comportamento do consumidor evoluíram desde a teoria da racionalidade econômica até a teoria cognitivista, conforme será abordado a seguir.

Teoria da racionalidade econômica

De uma perspectiva histórica, as pesquisas acerca do comportamento do consumidor foram inicialmente empreendidas pela microeconomia, posto que sua área de interesse está circunscrita à avaliação das interações entre consumidores e produtores em um determinado mercado.

O eixo central desta teoria baseia-se em uma visão do consumidor apoiada na racionalidade econômica, isto é, o comportamento do consumidor obedece a um padrão egoísta e maximizador, cujas escolhas de consumo são pautadas por uma busca do maior benefício (prazer ou satisfação) ao menor custo possível (desconforto ou sofrimento). Por ser uma abordagem teórica calcada no utilitarismo psicológico, o comportamento de consumo tem por horizonte a maximização da utilidade, isto é, os esforços de escolha de um consumidor sempre teriam como base a maximização dos graus de satisfação psicológica e prazer obtidos com o uso dos produtos e serviços adquiridos.

No entanto, o uso contínuo de um bem, seja ele um produto ou um serviço, leva a um decréscimo da percepção de utilidade por parte do consumidor, ou seja, o grau de satisfação psicológica decresce à medida que quantidades adicionais deste bem vão sendo consumidas. Tal decréscimo de prazer com o uso constante dos bens é denominado *taxa de utilidade marginal*, o que explica a sensação de retorno decrescente que o consumidor experimenta após o uso prolongado de quantidades significativas de um determinado produto.

Por mais que suas contribuições tenham sido relevantes ao longo da história, a teoria da racionalidade econômica apresenta as seguintes limitações. É uma abordagem centrada nos efeitos do consumo de um bem no consumidor, mas que não permite uma compreensão mais aprofundada dos processos psicológicos que permeiam o comportamento de compra. Por pertencer à dimensão subjetiva, a percepção de utilidade do consumidor é de difícil quantificação. Como mensurar a felicidade humana? Como traduzir em números a experiência de satisfação e prazer que o consumidor obtém a partir da aquisição de um produto? Por fim, a teoria da racionalidade econômica não leva em consideração as diferenças individuais, sociais e culturais que permeiam o comportamento de consumo.

Apesar de suas limitações, a teoria da racionalidade econômica levanta uma série de questões importantes para a compreensão do fenômeno de compra, especialmente no que diz respeito ao uso de estímulos de marketing que objetivem influenciar o comportamento de compra dos consumidores.

Teoria comportamental

Como a teoria da racionalidade econômica não permite uma compreensão mais aprofundada do que acontece na mente do consumidor, a psicologia surge como uma alternativa para a compreensão dos fatores cognitivos, motivacionais e emocionais envolvidos nos processos de escolha e decisão de compra. É com a psicologia que se originaram outras três perspectivas teóricas: a comportamental, a psicanalítica e a cognitivista.

A teoria comportamental enfatiza o comportamento e suas relações com o meio ambiente do indivíduo. O consumo, um tipo de comportamento, é um conjunto de reações fisiológicas e comportamentais observáveis, geradas por estímulos localizados no meio ambiente. Desta forma, a influência no comportamento de compra dá-se com o estudo sistemático dos estímulos presentes no ambiente de consumo, que levam o consumidor a produzir reações positivas (aproximação) ou negativas (afastamento) em relação aos produtos disponíveis.

Desta maneira, a teoria comportamental enfatiza o papel da aprendizagem e a influência do ambiente no processo de compra, mediante o uso de estímulos de marketing que maximizam a intenção de compra. Além disto, a visão comportamental é uma importante fornecedora de métodos e técnicas na pesquisa do comportamento do consumidor.

Entretanto, por enfatizar o papel dos fatores ambientais, este enfoque teórico também não lança uma luz a respeito do que se passa na mente do consumidor, ou seja, do que acontece internamente no indivíduo, no intervalo que se dá entre a apresentação do estímulo de marketing e a consecução ou não do comportamento de compra. Esta supervalorização do papel do meio ambiente na compra levou ao uso de outras teorias psicológicas que levassem em consideração o que se passa "dentro" da mente do consumidor.

Teoria psicanalítica

Outra teoria utilizada na compreensão da dinâmica psicológica do consumo é a psicanálise, criada pelo neurologista austríaco Sigmund Freud (1856-1939) no final do século XIX e início do século XX. Além disto, sua ampla difusão na cultura contemporânea fez com que esta seja considerada uma abordagem importante para o estudo dos processos psicológicos inerentes ao consumo, cobrindo o que se diz acontecer "dentro" do consumidor no momento da compra.

Para Freud, a mente humana é caracterizada por uma divisão em uma esfera consciente e outra inconsciente. Esta última exerce uma forte determinação sobre a primeira. Dito de outra forma, a teoria psicanalítica afirma que os comportamentos expressos na consciência são uma expressão distorcida de desejos recalcados que se localizam no inconsciente. O significado de um comportamento ou de uma atitude não deve ser buscado no plano consciente, mas sim nos motivos ocultos que estão situados no plano do inconsciente.

Nesta abordagem, o consumo é a expressão de desejos inconscientes, posto que o indivíduo projeta nos produtos seus desejos, expectativas, angústias e conflitos. O consumo é, então, uma tentativa de dar vazão a esses desejos, que encontram uma satisfação parcial ao se vincularem a produtos que mantêm uma relação de similaridade com estes.

A teoria psicanalítica, desta forma, chama a atenção não apenas para os motivos inconscientes da compra, mas também para o seu caráter expressivo, posto que os consumidores projetam seus desejos nos produtos ofertados. A escolha dos produtos, então, dá-se de acordo com a capacidade de estes satisfazerem, mesmo que parcial e temporariamente, os impulsos inconscientes. Com base nesse raciocínio, cabe aos profissionais de marketing criar estratégias que ressaltem características dos produtos que despertem o desejo inconsciente dos consumidores.

A técnica de atrelar conceitos e imagens aos produtos com o intuito de aumentar a intenção de compra deve muito à compreensão da mente humana dada pela psicanálise. A busca da felicidade, da beleza, do corpo ideal, do *status* e da aceitação social por parte dos outros, que está presente em muitas estratégias de marketing na atualidade, deve muito à psicanálise, fazendo com que esta seja utilizada quando o que se pretende é mergulhar na mente dos consumidores.

Teorias sociais e antropológicas

Este grupo de teorias defende um ângulo que enfoca o consumo como um processo social, isto é, sua dinâmica deve ser pensada de acordo com uma avaliação crítica que ressalte seus condicionantes históricos, sociais e culturais, sendo postos em uma perspectiva histórica a fim de que apontem para as variações dos padrões de consumo.

Basicamente, estas teorias se dividem em duas grandes vertentes: uma de inspiração marxista e outra de inspiração nas pesquisas sobre os hábitos de consumo nas sociedades contemporâneas.

As abordagens sociais e antropológicas oferecem ao profissional de marketing uma compreensão mais aprofundada sobre a dinâmica social e cultural que rege os processos de consumo. O consumidor contemporâneo, crescentemente exigente e consciente de seus direitos, seria o resultado de um longo processo histórico de convergência entre os valores, outrora antagônicos, utilitários e hedonistas (Campbell, 2001).[2] Desta forma, o consumo é um processo cuja significação social está em proporcionar uma referência para a construção da identidade social dos indivíduos, posto que a posse dos produtos define a posição social do consumidor, tanto em relação aos seus pares quanto em relação à sociedade como um todo (Bourdieu, 1984; Campbell, 2001; Featherstone, 1995). Ao profissional de marketing, é fundamental perceber que o consumo não é um ato meramente individual e racional, mas também um processo essencialmente social, possibilitando o posicionamento do indivíduo em relação ao seu contexto social e cultural.

---

[2] Uma análise atual da convergência entre tais tendências na contemporaneidade é empreendida por Brooks (2000), tendo como pano de fundo a sociedade norte-americana dos anos 1990.

Teoria cognitivista

Atualmente, é a teoria mais utilizada pelos pesquisadores do comportamento do consumidor por integrar produto, consumidor e ambiente conforme a visão de consumo como um processo de tomada de decisão (Engel, Blackwell & Miniard, 2000; Karsakilian, 2000; Schiffman & Kanuk, 2000; Solomon, 2002). Sua inspiração encontra-se nas pesquisas da psicologia cognitiva norte-americana dos anos 1950 e 60, levando a entender o consumo como resultante de um processamento de informações oriundas do indivíduo, da cultura e do meio ambiente.

Pensar o comportamento de consumo como um processo de tomada de decisão implica ver o consumidor como aquele que opta por diferentes produtos, tendo por pano de fundo a influência de fatores cognitivos tais como percepção, motivação, aprendizagem, memória, atitudes, valores e personalidade, assim como os socioculturais, isto é, influência de grupo, família, cultura e classe social e ainda os situacionais, tais como influências localizadas no meio ambiente por ocasião da compra.

Para os cognitivistas, as decisões de compra são variadas, mas podem ser classificadas pelo tipo de produto, motivação do consumidor, freqüência da compra, busca e processamento da informação, percepção das alternativas por parte do consumidor e influências situacionais.

Por proporcionar uma compreensão mais detalhada tanto dos diferentes comportamentos de compra quanto do próprio processo decisório, a teoria cognitivista é, atualmente, a mais adotada pelos profissionais de marketing. Por sua característica integrativa, ela procura levar em consideração diferentes aspectos levantados pelas abordagens anteriores.

Fatores de influência no comportamento de compra

O estudo do comportamento do consumidor é de fundamental importância para os profissionais de marketing, posto que a criação de estratégias eficazes de marketing deve levar em consideração as características individuais, sociais e culturais, além das influências situacionais que interferem no momento da compra. Saber quem é o consumidor, o que ele pensa, em que ele acredita, quais são os julgamentos acerca de si mesmo e dos outros, qual sua posição na escala social, a idade, a renda, o estilo de vida, bem como a reação dele aos estímulos presentes no momento da compra são fundamentais na busca incessante da compreensão dos consumidores. É preciso sempre lembrar que o objetivo do marketing não se resume apenas à venda do produto em si, mas envolve o atendimento das necessidades e desejos dos consumidores, gerando valor e satisfação para estes.

É imprescindível notar que o consumidor final, definido como um tomador de decisão, não deve ser visto isoladamente: ele sofre a influência de uma série de fatores que podem tornar-se decisivos nos estágios cruciais da compra. A compreensão dos fatores que influenciam o comportamento de compra possibilita não só uma visão mais aprofundada da dinâmica da compra, mas também abre um leque de possibilidades de intervenções com o uso de estímulos de marketing que objetivem gerar bons resultados no comportamento de compra, criando valor para o cliente e produzindo a satisfação com o produto e o conseqüente envolvimento do consumidor com a compra. Os fatores que influenciam o comportamento de compra podem ser agrupados em três níveis, a saber: fatores psicológicos, socioculturais e situacionais.

Fatores psicológicos

Dizem respeito ao conjunto das funções cognitivas (pensamentos), conativas (comportamento) e afetivas (sentimentos) no processo da compra, envolvendo o estudo da percepção, da aprendizagem, da memória, das atitudes, dos valores, das crenças, da motivação, da personalidade e dos estilos de vida dos consumidores. Neste primeiro nível, o consumidor é visto de maneira isolada, tomando decisões de acordo com suas características psicológicas.

Percepção

Sternberg (2000) define a percepção como o conjunto de processos psicológicos pelos quais as pessoas reconhecem, organizam, sintetizam e conferem significação às sensações recebidas por meio dos estímulos ambientais captados pelos órgãos dos sentidos (visão, audição, gustação, tato e olfato). Longe de ser um processo de recepção passiva de estímulos, a percepção é um processo que conta com o ativo envolvimento do indivíduo, uma vez que seu resultado final é um significado. Desta maneira, a percepção pode ser entendida como um processo psicológico de atribuição de significação aos estímulos sensoriais, direcionado tanto pelo sistema de crenças e valores do indivíduo, quanto por sua codificação, dada pela cultura e pelo contexto situacional.

Sendo a percepção a interface privilegiada na qual os seres humanos entram em contato com o mundo, o profissional de marketing deve conhecer de maneira detalhada quais os estímulos presentes no ambiente que interferem no comportamento de compra a fim de influenciar o processo de tomada de decisão por parte dos consumidores. O manejo dos estímulos sensoriais é de fundamental importância no processo de despertar a necessidade e a motivação da compra.

Chamar a atenção para o seu produto é crucial na batalha pela mente do consumidor. Todos os dias, nós somos bombardeados por um sem-número de estímulos de marketing pelos mais variados canais sensoriais (visual, auditivo, gustativo, olfativo e tátil). A percepção humana possui alguns dispositivos que proporcionam uma seleção das informações baseada em critérios de relevância e de interesse, chamados *filtros perceptivos*. Alguns dos filtros mais importantes são:

- *atenção seletiva* — diz respeito à capacidade que os seres humanos têm de selecionar as informações que lhes são submetidas. Desta forma, os estímulos de marketing devem ser capazes de mobilizar a atenção do consumidor, impedindo que estes sejam descartados do foco da consciência. Uma das técnicas mais utilizadas visa despertar o contraste com os concorrentes ao explorar características como formato, tamanho, cor e posição dos produtos, criando embalagens e concebendo a atmosfera do ponto-de-venda para tirar partido da intenção de compra;
- *distorção seletiva* — é a tendência que os consumidores possuem de interpretar as informações dando-lhes um significado pessoal, por meio de seu sistema de crenças e valores. Os indivíduos acomodam os estímulos sensoriais em percepções que façam sentido em sua visão de mundo, facilitando a classificação e a organização dos produtos disponíveis. A ingerência deste filtro deve ser levada em consideração por ocasião dos esforços de construção da marca, posto que os estímulos de marketing devem se orientar no sentido da harmonização com as atitudes e as disposições mentais presentes na mente do consumidor;

- *retenção seletiva* — seres humanos são predispostos a armazenar estímulos sensoriais que reforcem o seu sistema de crenças e valores. Tal fator deve ser levado em consideração por ocasião da introdução de um produto em países com diferentes características sociais e culturais. O profissional não pode se esquecer de que, sem o cuidado prévio, muitos dos esforços de marketing tornam-se ineficazes por apoiarem-se em estímulos que colocam em risco as crenças dos consumidores. Um dos efeitos da apresentação de estímulos antagônicos é denominado *dissonância cognitiva*, um estado mental de desconforto e ansiedade produzido pela presença de opções de decisões excludentes e até contrastantes.

O uso dos estímulos sensoriais como forma de despertar a atenção do consumidor e levá-lo a construir uma percepção do produto é o que atualmente mais chama a atenção dos profissionais de marketing. O recurso a técnicas que levem em consideração os mais variados estímulos sensoriais remete a experiência da compra a dimensões nunca antes imaginadas, possibilitando adicionar características experienciais e interativas que permitem o envolvimento cada vez mais ativo e participativo do consumidor. Deve-se estar aberto à exploração destas novas técnicas de interferência na compra, dada a crescente complexidade da sociedade, dos gostos e das preferências dos consumidores.

Motivação

A motivação é definida como um estado de tensão psicológica que antecede e prepara o indivíduo para a ação. A motivação ocorre, geralmente, quando uma necessidade é despertada, seja por um impulso interno ou por uma estimulação externa. Dada a presença desta necessidade, o indivíduo empreende uma ação (comportamento) a fim de reduzir a tensão, orientando-a para um objetivo vinculado à necessidade inicial.

Fica claro o papel dos estímulos do marketing no despertar das necessidades dos consumidores, bem como na sua orientação para satisfazê-las por intermédio do consumo dos produtos. No entanto, uma distinção se faz necessária: a dos conceitos de necessidade e de desejo. As necessidades são entendidas como motivos biológicos básicos, e os desejos são as formas moldadas pela sociedade para atender tais necessidades. Desta forma, contrariamente ao que pensam os críticos, o marketing cria desejos, mas não necessidades, já que estas últimas são o fundamento no qual são construídos os primeiros.

As necessidades podem ser classificadas de várias formas. Uma delas divide as necessidades em *biogênicas* (inatas), *psicogênicas* (fruto da aprendizagem), *utilitárias* (enfatizam os atributos tangíveis e concretos dos objetos) e *hedônicas* (subjetivas e experienciais).

Na década de 1960, o psicólogo humanista norte-americano Abraham Maslow criou um modelo de hierarquia de necessidades, objetivando classificar as necessidades em níveis crescentes de complexidade, que vão desde as necessidades mais básicas (instintivas) até as de cunho social (aprendidas).

Para Maslow, o ser humano sempre busca o crescimento psicológico e, conforme os níveis inferiores da hierarquia vão sendo razoavelmente atendidos, a tendência é a de que as necessidades localizadas nos patamares mais elevados sejam disparadas. Caso haja um não-atendimento de necessidades inferiores, automaticamente os esforços motivacionais de um indivíduo se concentram na redução da tensão localizada no patamar inferior.

A pesquisa motivacional é importante para que o profissional de marketing possa criar produtos que atendam necessidades que não estejam sendo supridas, tornando-se uma ferramenta estratégica de fundamental importância no diagnóstico de janelas de oportunidade para oferta de novos bens e serviços. Cabe fazer um diagnóstico constante das necessidades e motivações dos consumidores, a fim de que se possa acompanhar o seu grau de satisfação para com o produto em referência, além de vislumbrar novas possibilidades de negócios.

Aprendizagem e memória

A aprendizagem é vista como uma mudança relativamente permanente no comportamento decorrente da experiência (Myers, 2002), por intermédio da reorganização de conceitos e representações mentais. O estudo da aprendizagem é fundamental para o profissional de marketing, considerando que o comportamento de compra é fruto da aprendizagem social, devendo-se destacar as teorias comportamentais e cognitivas.

As teorias comportamentais da aprendizagem enfatizam o papel que os estímulos do meio ambiente assumem na construção das condutas aprendidas. Uma das estratégias de aprendizagem é o uso da técnica de *condicionamento respondente*, que consiste em fortalecer as ligações entre um estímulo apresentado e uma resposta esperada por meio da repetição. Outra técnica mais utilizada em marketing é a *aprendizagem operante*, descrita pelo cientista do comportamento B. F. Skinner nas décadas de 1950 e 60. Basicamente, o comportamento aprendido é consolidado por meio do uso de *reforçadores*, estímulos localizados no meio ambiente que têm a capacidade de interferir na freqüência de aparecimento de um comportamento. Um *reforçador positivo* é um estímulo que aumenta a freqüência de aparecimento de um comportamento. Um produto que satisfaz as necessidades de um consumidor torna-se um reforçador positivo, levando a um aumento da sua intenção de compra. Já o *reforço negativo* ocorre quando uma resposta aprendida é gradualmente extinta pela eliminação de um estímulo. Um produto que porventura venha a desaparecer das prateleiras das lojas, ou então cuja comunicação com o consumidor sofra uma diminuição, tende a ser esquecido e substituído por um similar. Já a *punição* é um estímulo dado após a ocorrência do comportamento, que tem um efeito aversivo sobre o indivíduo. A insatisfação do consumidor com um determinado produto após a sua compra faz com que aquele se esquive do produto (fuga), levando-o a buscar substitutos que compensem o prejuízo auferido.

As teorias cognitivas da aprendizagem enfatizam o papel dos processos mentais na produção de condutas adquiridas com o correr da experiência. A interferência da memória, definida como o armazenamento das informações aprendidas pelo indivíduo, é de fundamental importância na consolidação dos conteúdos aprendidos.

A atuação conjunta da aprendizagem e da memória leva à consolidação de hábitos de consumo, sendo fundamental na compreensão dos processos de lealdade e envolvimento dos consumidores com os produtos. O profissional de marketing deve estar preparado para tirar partido destes conceitos no sentido de aumentar a intenção de compra dos consumidores, fortalecer o relacionamento com os clientes, levar à retenção de marca, bem como incentivar o hábito de compra com o uso de reforçadores. Os programas de fidelização das companhias aéreas são um exemplo de uso dos recursos da aprendizagem e da memória como ferramentas estratégicas no aumento da intenção de compra por parte dos consumidores.

Atitudes

As atitudes são predisposições, sentimentos e tendências relativamente consistentes de um indivíduo em relação a uma determinada situação ou a um objeto. Por ser uma predisposição para a ação, a atitude serve como referência para um consumidor avaliar um produto de maneira positiva ou negativa, proporcionando a proximidade ou o afastamento do consumidor em relação a este.

Para os psicólogos cognitivos, as atitudes são compostas por três elementos: crenças (pensamentos), afetos (sentimentos) e intenções de comportamento (intenções de ação). Por serem mecanismos eficientes de avaliação das situações, as atitudes têm o poder de orientar e guiar o nosso comportamento. Após instaladas, a mudança de atitude requer uma reestruturação ampla do sistema de crenças e valores dos indivíduos, podendo ser um processo árduo, dependendo da atitude em questão.

As atitudes são importantes na construção da identidade das pessoas, bem como na organização e no senso de coerência da experiência cotidiana. Uma mudança de atitude é iniciada por ocasião de situações que apontem para a incoerência entre os nossos pensamentos e julgamentos, tipicamente ilustrados pelo estado de *dissonância cognitiva*. A dissonância cognitiva é um estado de tensão psicológica vivenciado por uma pessoa em face de duas crenças antagônicas ou excludentes, levando a um ajuste de pensamento a fim de garantir a integridade e a coerência do sistema de crenças e valores. Profissionais de marketing podem iniciar uma mudança de atitude ao construir estratégias que levem o consumidor a esta situação, ao promover comparações entre dois produtos concorrentes em relação a seus diferentes atributos (por exemplo, preço baixo *versus* qualidade e durabilidade).

Por terem pensamentos, sentimentos e intenções de compra, os consumidores constroem parte das suas intenções de compra tendo por base avaliações dos produtos pautadas por suas atitudes. Para os profissionais de marketing, é fundamental a identificação clara e sistemática das atitudes do consumidor, bem como sua evolução no correr do tempo. Atualmente, a população dos grandes centros urbanos brasileiros vem desenvolvendo uma atitude sistematicamente positiva em relação a produtos da linha *light* com baixas calorias e de apelo a uma vida saudável. Por ser um mercado em franca expansão em nosso país, isto é um indicador da preocupação dos consumidores com uma vida mais saudável, uma alimentação mais regrada e um cuidado maior com o corpo e sua saúde.

O cuidado no atendimento ao consumidor, a qualidade do produto, a facilidade de entrega e um serviço de atendimento pós-venda são elementos fundamentais para a criação de atitudes positivas do consumidor em relação aos produtos. Qualquer deslize nestas etapas pode levar o consumidor a desenvolver crenças e valores negativos, anulando os esforços de geração de valor no sentido da construção de um relacionamento forte e significativo entre o consumidor e o produto.

Personalidade, autoconceito e estilo de vida

A personalidade pode ser entendida como um padrão característico de pensamentos, sentimentos e ações de um determinado indivíduo. Por estar ligado diretamente à questão da identidade, este conceito diz respeito à singularidade de uma pessoa, bem como o seu padrão sistemático de reação às situações presentes no meio ambiente que a cerca.

O consumo de produtos e serviços não só permite a satisfação de necessidades de cunho utilitário e hedônico, mas também possibilita a construção do autoconceito do consumidor, isto é, a definição de sua imagem social para si mesmo e para os seus pares. Na sociedade contemporânea, o consumo vem delimitando a identidade, bem como a construção de novas experiências do eu, que vão sendo utilizadas em função das diferentes situações sociais. Valores reforçados em nossa sociedade como a beleza, o sucesso e a saúde não só levam a uma reorientação da personalidade do consumidor, como permitem um posicionamento competitivo na busca de *status* e sucesso social. Os profissionais de marketing devem estar atentos às características de personalidade de seus consumidores, bem como lançar mão de estímulos de marketing que reforcem o autoconceito por meio da compra dos produtos. Sem sombra de dúvida, a escolha da compra é influenciada pelos traços de personalidade do consumidor.

O estilo de vida também é um conceito bastante utilizado pelos profissionais de marketing, incluindo o que se refere à formulação de estratégias de segmentação dos mercados consumidores. Segundo Solomon (2002), o estilo de vida diz respeito às formas como os consumidores escolhem gastar seus recursos disponíveis (tempo e dinheiro), incluindo seus valores, gostos e preferências, refletidas em suas escolhas de consumo.

Os valores e os estilos de vida podem ser compreendidos por técnicas psicográficas que subsidiam os esforços de segmentação das empresas. As técnicas intituladas *Atividades, Interesses e Opiniões* (AIO) procuram agrupar os consumidores por critérios envolvendo atividades, interesses e opiniões. A segmentação por AIOs pode ser descrita como no quadro 1:

Quadro 1

ESCALA AIO

Atividades	Interesses	Opiniões	Dados demográficos
Trabalho	Família	Eles próprios	Idade
Hobbies	Lar	Questões sociais	Instrução
Eventos sociais	Emprego	Política	Renda
Férias	Comunidade	Negócios	Ocupação
Diversão	Recreação	Economia	Tamanho da família
Afiliação a um clube	Moda	Educação	Habitação
Comunidade	Alimentação	Produtos	Geografia
Fazer compras	Mídia	Futuro	Tamanho da cidade
Esportes	Realizações	Cultura	Estágios no ciclo de vida

Fonte: Engel, Blackwell & Miniard, 2000.

Outra classificação utilizada nos Estados Unidos (mas não validada no Brasil) é baseada no Sistema de Valores e Estilos de Vida (Escala VALS2), que classifica os consumidores em diferentes estilos de vida de acordo com a forma como gastam seu tempo e dinheiro disponíveis. Após uma exaustiva pesquisa, os estilos de vida são agrupados em oito tipos, assim descritos:

- *modernizadores (ou efetivadores)* — consumidores localizados no topo da pirâmide social, com ganhos tão elevados e recursos tão amplos que acabam por orientar a si próprios. São consumidores que ditam as regras da moda, não as seguem. A imagem é importante para eles, não como evidência de *status* e poder, mas como extensão de seu gosto, independência e caráter. Possuem uma ampla faixa de interesses, sendo abertos a mudanças;
- *realizadores* — consumidores bem-sucedidos, com muitos recursos, orientados para o trabalho, politicamente conservadores e que se satisfazem basicamente com o trabalho e a família. Preocupam-se com questões sociais e são abertos a mudanças. Respeitam a autoridade e o *status quo*, preferindo produtos e serviços tradicionais que possibilitem exibir o seu sucesso;
- *satisfeitos* — profissionais maduros, com bom nível de instrução, reflexivos e que se sentem realizados e à vontade. Passam as suas horas vagas em casa, mas são bem informados e abertos a novas idéias. Tendem a ser práticos e valorizam a funcionalidade;
- *experimentadores* — são consumidores ávidos, impulsivos, jovens que apreciam experiências excêntricas e arriscadas e extravasam sua grande energia em atividades sociais e exercícios físicos. É o grupo mais jovem, que gasta muito com roupas, restaurantes *fast-food*, música e outros artigos favoritos dos jovens;

- *crédulos* — consumidores mais conservadores e previsíveis, com rendas mais modestas. Dão preferência a produtos fabricados em seu próprio país e a marcas tradicionais. Seus valores básicos estão ligados à família, à comunidade religiosa e social e à nação;
- *batalhadores (ou esforçados)* — semelhantes aos realizadores, mas com menos recursos. O estilo é extremamente importante para estes consumidores que buscam imitar padrões de consumo de outros grupos com maiores recursos. Por isto, preocupam-se muito com a aprovação dos outros e fazem constantes comparações sociais;
- *criadores (ou "fazedores")* — consumidores orientados basicamente para a ação, não sendo impressionados por posses materiais. São pessoas que gostam de afetar seu ambiente por meios práticos, valorizando a auto-suficiência e concentrando-se em atividades ligadas à família, ao trabalho e às atividades físicas. São consumidores orientados por finalidades práticas e funcionalidade;
- *lutadores* — estão na base da pirâmide social. São pessoas de renda muito baixa e com pouquíssimos recursos, preocupando-se em atender as suas necessidades básicas. Por conta dos poucos recursos, tendem a ser consumidores mais leais a marcas.

Fatores socioculturais

Envolvem influência do grupo e da família, a classe social e os efeitos da cultura e das subculturas no comportamento de compra. Neste segundo nível, o consumidor não é mais visto como um indivíduo isolado, mas um ser social que reage e é transformado pelo contexto no qual está inserido.

Influência de grupo

Por ser um processo social, o comportamento de consumo sofre a influência da ação de grupos humanos sobre os indivíduos. Pelo fato de pertencerem a diversos grupos e, também, por almejarem participar de outros grupos, a influência das situações de interação social é de extrema importância na aquisição e estabilização das ações de compra dos indivíduos. Desta maneira, o profissional de marketing não pode deixar de compreender que os consumidores agem, em grande parte, com regras compartilhadas entre grupos, a fim de buscar sua inserção social.

A influência de grupo sobre as pessoas é um dos exemplos mais característicos do que os psicólogos sociais denominam *poder social*, isto é, o efeito de persuasão que indivíduos isolados ou grupos de pessoas exercem sobre os seus pares, na normatização e regulação dos comportamentos. Além do mais, os grupos funcionam como uma proteção aos seus integrantes, posto que eles, em situações de interação social, podem assumir comportamentos que não seriam empreendidos de forma isolada ou autônoma. Desta forma, os grupos humanos são poderosos fomentadores de condutas sociais, além de servirem de escoadouro das tensões e angústias dos indivíduos em suas vidas pessoais. Adicionalmente, os grupos são fontes de comparação social, isto é, servem de norma ou modelo para a regulação da conduta dos seus integrantes, bem como de pessoas externas a eles que, por algum motivo, desejam participar das interações freqüentes entre os seus membros.

Um dos mais significativos fatores sobre a intenção de compra dos consumidores é dado pelos *grupos de referência*, que servem de parâmetro de comparação ou de referência direta ou indireta na formação de atitudes e de comportamentos de compra. Na busca por *status* social e um posicionamento mais privilegiado na escala social, os consumidores procuram utilizar como horizonte de comparação o comportamento de compra de grupos sociais mais elevados, com mais recursos disponíveis e conhecimento. Os grupos de referência, por serem objeto de comparação no que toca à aquisição de produtos mais luxuosos e de serviços, que indicam um grau elevado de sofisticação e refinamento, são poderosos elementos de influência na dinâmica de compra de indivíduos ou grupos que estão num patamar mais abaixo na estrutura social. As colunas sociais, as revistas que contam a vida das estrelas e das pessoas de sucesso, os programas televisivos que abordam as últimas novidades da vida dos chiques e famosos exercem um significativo efeito na conformação e regulação no comportamento de compra de seus telespectadores, especialmente os de classe social menos favorecida.

Dentro dos grupos de referência, algumas pessoas podem sobressair por causa das suas habilidades pessoais, conhecimento ou características individuais, exercendo também um efeito sobre o comportamento de outros indivíduos. Estas pessoas são chamadas *líderes de opinião*, cujo destaque obtido por seu sucesso individual acaba por ser uma fonte explorada pelos profissionais de marketing para influenciar o comportamento dos consumidores. O uso de líderes de opinião é ilustrado pelo recurso às propagandas testemunhais, que lançam mão de artistas de televisão, cantores e atletas na promoção de produtos como cosméticos, eletrodomésticos, empreendimentos imobiliários, *shopping centers*, apetrechos para o lar e produtos para a saúde e a beleza. Aproveitando a Copa do Mundo de 2002, a fabricante de aparelhos eletroeletrônicos Phillips lançou o seu televisor de última geração — o "Phillipão" —, tendo como garoto-propaganda o técnico Luiz Felipe Scolari, que dirigiu a Seleção Brasileira de Futebol na conquista do pentacampeonato mundial.

Família

Engana-se o profissional de marketing que concebe a decisão de compra como algo individual. Se a comunidade influencia o comportamento de compra, um tipo específico de grupo social é um dos mais importantes influenciadores no processo de tomada de decisão da compra: a família. Muitos destes comportamentos têm origem na família, uma vez que ela é a base do processo de socialização de consumo, repercutindo posteriormente na construção da identidade dos integrantes, bem como das suas opções de vida e escolhas de consumo posteriores. Em um país como o Brasil, onde a família é um importante elemento de nossa realidade social, seu papel precisa ser constantemente avaliado pelos profissionais de marketing.

A relevância da família na decisão de compra faz com que a tomada de decisão, por parte dos consumidores finais, seja em grande parte um processo coletivo, fruto do resultado dos diferentes interesses dos participantes envolvidos, a saber, entre os dos cônjuges e os dos filhos. Os cônjuges participam da decisão ao negociar os seus diversos interesses, preferências e gostos, considerando sua influência no tocante aos recursos envolvidos e o tempo despendido na compra. As crianças, atualmente, também são fortes influenciadoras na decisão de consumo, sendo comum estratégias do tipo "a criança pega, o pai compra", muito utilizadas para produtos alimentícios como biscoitos, balas, bolos e lanches voltados para o público infantil. O uso de marcas licenciadas de personagens de desenhos animados também é um forte indicador da importância que os profissionais de marketing dedicam aos consumidores infantis. O fato de as crianças serem mais suscetíveis aos estímulos de marketing faz com que estes miniconsumidores sejam, atualmente, o foco de vários estudos e pesquisas sobre os processos de influência social na decisão de compra.

É importante ressaltar que os papéis assumidos pelos membros de uma família durante o processo de compra não são excludentes, isto é, podem ser desempenhados por seus diferentes integrantes, ou também podem ser acumulados por um ou mais membros. Os profissionais de marketing devem estar atentos a esta repartição de funções, buscando otimizar o resultado da intenção de compra. Os papéis no processo de compra são:

- *iniciador* — dispara o processo de compra, ao reconhecer uma necessidade não atendida;
- *influenciador* — busca nas fontes e disponibiliza a informação necessária para levar à satisfação da necessidade despertada;
- *decisor* — dá a palavra final sobre a alternativa escolhida;
- *comprador* — interage com o vendedor e adquire o produto;
- *consumidor* — é o usuário final do produto;
- *avaliador* — promove a avaliação do produto, especialmente no que tange à satisfação da necessidade.

O estágio de vida da família também influencia o padrão de compra. Uma família de pais jovens com um filho recém-nascido tem um padrão de consumo completamente diferente de uma família com filhos adolescentes ou, então, formada por casais maduros, com filhos morando fora de casa. É importante também perceber o chamado ciclo de vida familiar e suas implicações para o processo de compra. Além disto, em função da modificação dos padrões econômicos, sociais, culturais e educacionais, novos hábitos, divisões de papéis e configurações marcam as famílias contemporâneas. Por exemplo, um dos segmentos que mais cresce no Brasil é o chamado mercado *single*, voltado para homens e mulheres adultos descasados que moram sozinhos, ou retornam à casa dos pais. O profissional de marketing deve estar atento à dinâmica da família, bem como às transformações observadas nas formas de relacionamento e de convivência que tornam cada vez mais complexa a análise do papel das famílias no comportamento de compra.

Cultura

A cultura é um dos fatores mais importantes a ser levado em consideração no planejamento de produtos e na definição de estratégias de marketing. Pelo fato de ser um elemento fundamental na vida do indivíduo em sociedade, muitos dos fracassos em marketing são explicados pela falta de sensibilidade na consideração da realidade cultural em que se encontram inseridos os consumidores.

A cultura tem sido o objeto central dos estudos da antropologia. Cultura pode ser entendida como o conjunto de crenças, normas, valores e atitudes que regulam e normatizam as condutas dos integrantes de uma determinada sociedade. Por ter um componente atitudinal, a cultura possui duas funções na vida de um indivíduo e de uma comunidade: uma função *normativa* e uma função *avaliativa*. A cultura serve de padrão de orientação e de horizonte de comparação dos comportamentos de seus integrantes. Qualquer conduta desviante é punida com uma sanção social que pode ser agravada pela interdição, suspensão dos direitos e até o banimento da comunidade.

Por ser organizadora da atividade social, a cultura é uma grande instância de constituição da identidade dos indivíduos. As pessoas buscam referências, padrões, normas e mapas que delimitem os seus espaços de atuação. Além do mais, sua natureza é simbólica, isto é, promotora da homogeneidade e da integração entre os seus diversos componentes, dando-lhes um senso de comunidade e de compartilhamento das experiências. Por isso, não existem comunidades humanas sem qualquer tipo de manifestação cultural.

Um dos mais recentes esforços na tentativa do mapeamento da cultura brasileira foi realizado pelo Sebrae, em 2002, por ocasião da pesquisa intitulada *A cara brasileira*. Nesta, que teve como objetivo fomentar a criação de produtos e serviços que agreguem características da nossa cultura, foram levantados os pontos fortes e fracos do povo brasileiro.

Os pontos fortes são:

- pluralismo racial e cultural;
- elementos culturais provenientes de tradições e experiências da vida autenticamente populares;
- alegria e otimismo;
- características pluralistas e sincréticas da cultura;
- ênfase nos relacionamentos sociais;
- hospitalidade e cordialidade;
- criatividade.

Já os pontos fracos são:

- falta de auto-estima, valorização apenas do que vem de fora, resultante da pobreza cultural;
- falta de confiança nas autoridades e no governo, que se reflete na desconfiança geral nas empresas públicas;
- um certo desprezo pelas questões técnicas;
- idéia da astúcia como ingrediente necessário para se tirar proveito de tudo, sobretudo em detrimento dos mais humildes;
- escassa divulgação do trabalho cultural brasileiro em todos os setores;
- personalismo arrogante, que se coloca acima da lei;
- convicção de que todos ludibriam com o objetivo de ganhar sempre mais;
- ignorância como profissão de fé (*se eu consegui ganhar dinheiro sem ler um livro, então...*);
- desonestidade em nome da família e dos amigos;
- falta de compromisso em relação aos acordos firmados.

Estes valores conflitam com os da cultura norte-americana, na qual o individualismo, a autodeterminação, a liberdade e o esforço pessoal são norteadores do sucesso pessoal. Os laços que unem o indivíduo à comunidade existem, mas em menor intensidade e escala do que na cultura brasileira. Esta diversidade cultural deve merecer a atenção dos profissionais de marketing na oferta de produtos. Contrariamente ao que foi difundido nos anos 1980, a globalização não substituiu as culturas locais; estas foram agregadas pelos símbolos da cultura global das grandes corporações transnacionais, tornando o processo de diagnóstico de padrões culturais muito mais complexo (Nunes, 2000).

É comum a divisão da cultura nacional em segmentos denominados *subculturas*. Subculturas são especificidades culturais definidas por critérios étnicos, religiosos, geográficos, de estágios e estilos de vida. Em países como o Brasil, cujas características descritas se aplicam, é preciso levar em consideração as variações regionais de valores, crenças e hábitos de consumo. Diferenças climáticas, composição racial e hábitos locais são importantes quando se avalia a introdução de novos produtos nestes mercados.

Classe social

A classe social é um dos fatores mais utilizados na segmentação de mercados, justamente por ser um indicador da posição social de um indivíduo perante os seus pares e diante da sociedade como um todo. A classe social pode ser definida como um critério de ordenação da sociedade, utilizando indicadores como poder aquisitivo, escolaridade e ocupação.

Por serem divisões relativamente homogêneas da sociedade, as classes sociais permitem uma classificação dos consumidores e de suas famílias com o compartilhamento de determinados valores, crenças, interesses e estilos de vida que repercutem nas intenções de compra. Além disso, funcionam como indicadores de posicionamento e comparação social, posto que determinam uma certa hierarquização da estrutura social de grupos relativamente homogêneos.

O comportamento de consumo pode ser influenciado por desejos compartilhados por uma determinada classe social, especialmente se os consumidores almejam ascender na escala social (mesmo que simbolicamente), distinguir-se de seus pares e buscar níveis mais elevados de *status* social. Em sociologia, este fenômeno de orientação dos padrões de compra com base nas classes sociais mais elevadas é denominado consumo conspícuo, fenômeno este muito presente em grupos de ascensão social relativamente recente como os chamados "novos-ricos" ou "emergentes". Pelo fato de estes serem consumidores vorazes, os profissionais de marketing devem aproveitar os impulsos de ascensão social para estreitar o relacionamento dos seus produtos com os clientes, direcionando-os de maneira eficaz para o seu público-alvo.

Entretanto, o conceito de classe social deve ser usado com muita cautela em países onde a mobilidade social é intensa, como no caso brasileiro. Esta flexibilidade de acesso e retrocesso na escala social faz com que, atualmente, muitos profissionais de marketing prefiram utilizar o conceito de *classe econômica*, que privilegia muito mais o poder de compra dos consumidores do que suas características sociais e culturais. No Brasil, atualmente é utilizado o Critério de Classificação Econômica Brasil (CCEB), que será discutido em detalhes no anexo.

Fatores situacionais

Dizem respeito a uma gama de influências momentâneas e circunstanciais por ocasião da compra, tais como ambientação da loja, *displays* nos pontos-de-venda, disposição dos corredores de prateleiras, posição dos produtos nas gôndolas e outros. Esta é uma das áreas em que mais cresce a pesquisa atual a respeito das ações de compra, destacando-se os estudos da antropologia dos ambientes varejistas desenvolvidos por Underhill (1999).

Segundo Engell, Blackweel e Miniard (2000), as influências situacionais no comportamento de compra podem ser divididas da seguinte forma: nas situações de compra, de comunicação e de uso.

O segmento varejista é uma das áreas que mais vem se beneficiando do uso de técnicas que focalizam a situação de compra, especialmente pelo fato de que a aquisição dos produtos é, na grande maioria das vezes, decidida nas prateleiras e nas gôndolas das lojas. Os investimentos em promoção, embalagem, *displays* nos pontos-de-venda (PDVs), disposição arquitetônica e ambientação da loja (sistema de sonorização, qualidade e quantidade da informação, aromatização do ambiente) abrem inúmeras possibilidades na busca de estratégias que levem à otimização da intenção de compra. Atualmente, as lojas de varejo deixaram de ser meros depósitos de produtos, investindo em *designs* arquitetônicos que aliam o conforto à funcionalidade, tornando a experiência de compra cada vez mais interativa e instigante.

A comunicação com o consumidor também leva em consideração aspectos situacionais. O uso de diferentes mídias por parte das empresas de acordo com estratégias segmentadas, direcionadas e interativas leva a efeitos significativos no comportamento de compra. No momento em que este livro está sendo escrito, as possibilidades de uso de novas mídias como a internet são ainda pouco exploradas, e seus efeitos sobre o consumidor ainda pouco conhecidos.

As situações de uso dos produtos também devem ser levadas em consideração pelos profissionais de marketing. Os produtos podem ter diversos usos em diferentes circunstâncias. Por exemplo, o consumo de produtos como cigarros e bebidas alcoólicas é sensível às situações sociais em que estes são consumidos. Em função das pressões antitabaco voltadas para a promoção da saúde, o uso destes produtos é reorientado para situações de consumo privado, e não mais em ambientes públicos.

2

Processo decisório de consumo e tipos de compra

Quem de nós já não percebeu como os padrões de consumo e o significado do ato de comprar variam de pessoa para pessoa? Os fatores determinantes da compra dependem de inúmeras variáveis, como, por exemplo, gênero, idade, personalidade ou classe social. Pais de família gastam muito mais em supérfluos do que suas esposas quando entram em supermercados? Homens são mesmo mais objetivos do que mulheres dentro de uma loja de artigos de vestuário? Um estudo publicado na revista *Veja* (fevereiro de 2002) indica que o tempo médio despendido por uma mulher para realizar a compra de um determinado produto variava da seguinte forma: 4min41s se acompanhada por um homem, 5min2s se estivesse sozinha e 8min15s se estivesse acompanhada por uma amiga. Denotando compreensão deste processo, algumas lojas de varejo voltadas ao público feminino chegam a incluir em seu mobiliário básico poltronas e sofás confortáveis para que os maridos impacientes possam esperar sentados, exercendo menos pressão sobre filhas e esposas compradoras. Uma das lojas da Chocolate, grife de moda feminina, situada no São Conrado

Fashion Mall, Rio de Janeiro, dispõe de um *lounge* com diversos ambientes de estar, além de um excelente restaurante dentro da loja para manter entretidos os acompanhantes masculinos das compradoras. A Sephora, megaloja de cosméticos francesa, chega a dispor de ambientes inteiros propositalmente mantidos na penumbra, com *bergères* em que maridos passam as horas de espera ouvindo música, assistindo a DVDs e, se possível, dormindo!

Este capítulo tem por objetivo discutir o quanto pode variar o acionamento dos sentidos durante uma compra, permitindo que se compreenda melhor o processo decisório de consumo e que se tenha mais instrumentos para estimular tanto a conversão de *prospects*, quanto um relacionamento de longo prazo com os clientes.

O processo decisório de consumo

Por trás do ato de comprar encontra-se um importante processo decisório que merece investigação. Nesta seção vamos designar os estágios percorridos por um consumidor ao fazer escolhas sobre produtos e serviços como *processo decisório de consumo.* Embora haja na literatura diversos modelos que visam facilitar a compreensão do referido processo, cada um defendendo a existência de uma quantidade diferente de estágios, neste livro adotaremos uma configuração de cinco estágios pelos quais o consumidor passa quando está engajado em uma operação de compra:

- reconhecimento do problema;
- busca de informações;
- avaliação das alternativas;
- decisão de compra;
- comportamento pós-compra.

Eles estão discriminados a seguir.

Reconhecimento do problema: percebendo uma necessidade

O *reconhecimento do problema* é a percepção de que existe uma distância significativa entre as situações em que a pessoa se sente confortável e as situações que ela enfrenta de fato. Para disparar uma ação de consumo, a distância referida deve ser grande o bastante para gerar uma sensação de desconforto, mesmo que sutil, iniciando um processo decisório que tem por objetivo trazer o indivíduo de volta ao estado de equilíbrio, ainda que transitoriamente. Isso pode ser tão simples quanto você perceber que o seu estoque de iogurte na geladeira acabou; ou uma adolescente notar que suas roupas destoam das usadas pelas outras adolescentes em uma festa; ou ainda quando um motorista repara que o seu carro anda fazendo um barulho incomum na mudança de marcha.

No campo do marketing, a propaganda, a publicidade ou os vendedores podem ativar o processo decisório de consumo ao evidenciar os problemas e limitações dos produtos concorrentes (ou das soluções que você já possui). Por exemplo, o anúncio de um *notebook* poderia estimular o reconhecimento do problema ao enfatizar como a portabilidade dos *notebooks* permite que você ganhe flexibilidade e produtividade em seus horários e locais de trabalho ou estudo, produtividade esta que seria muito superior àquela oferecida pelo *desktop* que está hoje em seu escritório.

Busca de informações: procurando valor

Depois de reconhecer um problema, você começa a buscar informações para preencher a lacuna percebida, o que configura o segundo estágio do processo decisório de consumo. De início, você pode ativar sua memória e procurar lembrar-se de experiências anteriores com produtos ou marcas da categoria em questão. Essa fase é chamada de *busca interna*, que pode ser suficiente para produtos comprados com freqüência, como café ou lâminas de barbear. Alternativamente, um consumidor pode empreender uma *busca externa* de informações. Isso acaba sendo necessário quando a experiência prévia ou o conhecimento das alternativas são insuficientes, quando o risco de tomar uma decisão de compra errada é alto, ou quando o custo de reunir informações é baixo. As fontes primárias de informações externas são:

- *fontes pessoais* — parentes, amigos ou especialistas conhecidos em quem você confia;
- *fontes públicas* — instituições como a Associação Brasileira de Defesa do Consumidor (Associação Pro Teste), publicações especializadas como *Consumidor Moderno* ou revistas que trazem matérias comparativas, tais como *4 Rodas* ou *Casa Cláudia*;
- *fontes instituídas pelo pessoal de marketing* — interação com vendedores, *test drives* de automóveis, demonstrações de aparelhagens de som ou ainda degustações de vinho nos pontos-de-venda.

Suponha que você esteja considerando a possibilidade de comprar um *notebook*. Você provavelmente irá recorrer a várias destas fontes de informações: amigos e parentes que usem este tipo de equipamento, anúncios de *notebooks* e sites de venda direta, ou ainda lojas que dispõem desse produto, estas últimas com a vantagem de permitir demonstrações. Você pode ler atentamente a avaliação comparativa dos *notebooks* que apareceram no último número da *Consumidor Moderno* ou na *PC World* que um amigo seu lhe emprestou.

Avaliação de alternativas: definindo o valor

O estágio de busca de informações esclarece o problema para o consumidor porque:

- sugere critérios para orientar a compra;
- cria um conjunto de nomes de marcas que poderiam atender aos critérios;
- desenvolve as percepções de valor do consumidor.

Que critérios de seleção você usaria para comprar um *notebook*? Você enfatizaria o preço, o *design* exterior, o tempo de garantia, a presença física do fabricante no Brasil, ou alguma combinação desses e outros critérios?

É provável que parte das informações reunidas seja inadequada porque não contém todos os fatores que você levaria em conta ao avaliar *notebooks*. Chama-se a tais fatores *critérios de avaliação do consumidor*, que representam tanto os atributos objetivos (como presença física do fabricante no Brasil), quanto os subjetivos (como prestígio da marca) que você usa para comparar as diferentes alternativas. As empresas voltadas para marketing procuram identificar os dois tipos de critérios mencionados, de modo a capitalizar valor para você da melhor forma possível. Com freqüência, esses critérios são o centro das mensagens de propaganda.

Os critérios para avaliar as marcas mudam o tempo todo. Sabendo disso, as empresas realizam pesquisas para identificar os conjuntos de critérios de avaliação mais importantes usados pelos consumidores quando comparam as marcas. Por exemplo, entre os diversos critérios possíveis para avaliar *notebooks*, suponha que você use três quando está de frente para as marcas disponíveis: preço entre R$5 mil e R$7 mil; monitor de matriz ativa com pelo menos 14 polegadas e garantia total de pelo menos dois anos.

Tais critérios estabelecem as marcas no seu *conjunto evocado* — o grupo de marcas considerado aceitável entre todas as outras na classe do produto conhecidas por você. Usando os seus três critérios de avaliação e considerando todo o conjunto de informações que você conseguiu obter, resultam, por exemplo, seis modelos de *notebooks* em seu conjunto evocado. Se esse grupo de configurações for insatisfatório por algum motivo não considerado quando conduzia o processo de seleção, você pode ajustar os critérios de avaliação para criar outro conjunto evocado de modelos.

Decisão de compra: adquirindo valor

Depois de examinar as alternativas do conjunto evocado, você já está praticamente pronto para tomar uma decisão de compra. Entretanto, três escolhas ainda devem ser feitas:

- de quem comprar;
- quando comprar;
- como pagar.

Para um produto relativamente caro como um *notebook*, o processo de busca de informações provavelmente envolverá um certo dispêndio de tempo e energia, visitando-se lojas, examinando-se minuciosamente os catálogos de diferentes marcas, lendo-se revistas que tragam informações sobre *notebooks* ou acessando os sites de possíveis fornecedores. A seleção do fornecedor dependerá de aspectos como as condições da venda, sua eventual experiência passada em comprar daquela empresa, bem como localização de seus pontos-de-venda e sua política de troca. Com freqüência, uma decisão de compra implica a avaliação simultânea tanto dos atributos do produto quanto das características da empresa vendedora. Por exemplo, levando em conta a intensa movimentação física com o *notebook* que você possui hoje, e conseqüentemente maior risco de avaria, você poderia escolher o segundo modelo mais caro em um fabricante japonês que ofereça garantia de três anos em território nacional por meio de *joint ventures* com empresas brasileiras, em vez de optar por uma outra marca que tem produtos montados no Brasil, mas que implementa políticas de garantia mais conservadoras.

A decisão de quando comprar é, freqüentemente, determinada por vários fatores. Por exemplo, você poderia comprar logo se a sua marca e modelo preferido estivessem em promoção ou se o vendedor lhe oferecesse um desconto. Outros fatores como a atmosfera da loja, o prazer da experiência de compra, a capacidade de persuasão dos vendedores, a premência de tempo e as circunstâncias financeiras também afetam a rapidez da tomada de decisão de compra. Alguns fatores ambientais exógenos podem postergar sua decisão, como uma alta do dólar, por exemplo, que contribui para elevar as taxas de juros e aumentar o preço da lista de produtos que usam insumos importados, como é o caso do *notebook*.

Com relação às formas de pagamento, hoje a oferta de crédito para aquisição de produtos de consumo duráveis e não-duráveis é crescente no Brasil, tanto por meio de financiamento direto concedido pelos varejistas quanto por meio do serviço de bancos e financeiras ligadas às empresas vendedoras. A possibilidade de parcelar uma compra, em especial quando se trata de um valor relativamente alto, pode fazer toda a diferença entre comprar e não comprar. Portanto, no processo de viabilizar o consumo, você procurará avaliar as taxas de juros estabelecidas pela empresa vendedora, implícitas ou explícitas, decidindo se vale a pena pagar um valor adicional em troca da antecipação da compra.

A tecnologia de informação está realizando uma verdadeira revolução no processo decisório de consumo. A *compra por meio do computador*, ou a compra *online*, baseia-se na tecnologia da internet na etapa da busca de informações, na avaliação de alternativas e na tomada de decisão de compra. Essa tecnologia também facilita a personalização das ofertas de acordo com as necessidades específicas dos indivíduos, aumentando o valor e a satisfação da clientela.

Comportamento pós-compra: valor no consumo ou no uso

Após comprar um produto, você compara o seu desempenho com as expectativas anteriormente nutridas sobre ele e fica satisfeito ou insatisfeito. Se você fica insatisfeito, os profissionais de marketing precisam descobrir se o produto era de fato deficiente ou se as suas expectativas eram por demais elevadas. A deficiência do produto pode exigir uma mudança no projeto. Se as suas expectativas tiverem sido muito altas, talvez a propaganda da empresa ou o vendedor tenham exagerado na descrição das vantagens do produto.

O grau de envolvimento com o que se consome ou a experiência de uso do cliente são extremamente importantes na sua percepção de valor. Por exemplo, um estudo sobre os serviços de telefonia interurbana indica que a satisfação ou a insatisfação afetam as percepções de valor, influenciando a interpretação das comunicações de marketing e o comportamento de compra repetida pelo consumidor. Compradores satisfeitos contam sua experiência para um certo número de pessoas. Compradores insatisfeitos reclamam para um número três vezes maior. Os compradores satisfeitos também tendem a voltar ao mesmo vendedor cada vez que surgir uma ocasião de compra. Considerando os resultados financeiros das empresas vendedoras, o impacto positivo do comportamento de compra repetida é relevante. Como conseqüência, grandes e pequenas empresas concentram atenção no comportamento pós-compra de seus clientes, visando a maximizar a sua retenção, oferecendo-lhes um ótimo pacote de satisfações. Observa-se uma verdadeira profusão de linhas telefônicas 0800 de chamada gratuita, bem como tem sido cada dia mais freqüente a instituição de políticas de troca e reembolso facilitados. As equipes de atendimento e venda jamais foram tão treinadas para lidar com as reclamações, responder a perguntas e registrar sugestões. Tais esforços subsidiam comunicações positivas pós-compra entre os consumidores e contribuem para a construção de um relacionamento entre vendedores e seus clientes.

Cada vez mais o consumidor dispõe de um número maior de opções muito atraentes, tais como *notebooks* Dell, Compaq, IBM ou Toshiba. Se você escolher o Toshiba, você poderá pensar: "Eu deveria ter comprado o Dell?" Esse sentimento de tensão ou ansiedade psicológica pós-compra é um exemplo de *dissonância cognitiva*, tal como visto no capítulo 1 deste livro. Para aliviá-lo, o consumidor freqüentemente tenta congratular-se por ter feito a escolha correta. Assim, após a sua compra, você pode buscar informações para confirmar a sua escolha perguntando a seus amigos coisas como, "Você não gostou do meu *notebook*?" ou lendo anúncios da marca que você escolheu. Você poderia até mesmo procurar informações negativas sobre a marca que você não comprou e decidir que o sofisticado sistema de garantia da Dell, que teria sido classificado como excelente, era, de fato, motivado por uma fragilidade crônica de seus produtos. Empresas como a Fiat ou Volkswagen, entre outras, têm veiculado anúncios com o propósito de assegurar a seus clientes que a sua escolha foi correta ou ainda efetuam ligações telefônicas de *follow-up* nesse estágio pós-compra para tentar convencer os compradores de que eles não poderiam ter tomado uma decisão melhor.

Envolvimento e tipos de decisão

Nem sempre os consumidores se engajam no processo de cinco passos de tomada de decisão de compra. Dependendo do nível de *envolvimento* e da importância pessoal, social e econômica da compra para o consumidor, ele pode pular algumas etapas em direção à compra, como é facilmente observável nas compras de balas ou lâminas de barbear, totalmente motivadas por impulso, que acontecem bem ao lado dos *checkouts* de supermercados. Ocasiões de compra com um alto envolvimento geralmente têm, no mínimo, uma das três características:

- o item a ser comprado é relativamente caro;
- a opção de compra pode ter conseqüências pessoais sérias;
- o produto ou serviço poderia refletir na sua imagem social.

Para tais ocasiões, os consumidores empenham-se em uma ampla busca de informações, consideram muitos atributos do produto e marcas, formam opiniões e estabelecem uma comunicação boca a boca. As compras de produtos tipicamente com baixo envolvimento, como pasta de dentes e bucha para lavar louça, raramente envolvem a maioria de nós, ao passo que aparelhagens de som, produtos de vestuário e automóveis costumam ser muito mais envolventes. Considerando-se a existência de uma escala contínua de complexidade na decisão de compra, é possível identificar três categorias principais do processo de compra do consumidor com base no envolvimento do consumidor e no conhecimento do produto: a decisão de rotina, a decisão limitada e a decisão estendida (ou ampliada).

Decisão de rotina

Para produtos como fio dental e adoçante dietético, os consumidores reconhecem um problema, tomam uma decisão e despendem muito pouco esforço buscando informações externas e avaliando alternativas. O processo de compra para tais itens é um hábito e tipifica uma tomada de decisão de baixo envolvimento. A decisão de rotina acontece nas compras freqüentes de produtos de baixo preço. Estudos realizados nos Estados

Unidos estimam que, aproximadamente, a metade de todas as ocasiões de compra seja desse tipo (Berkowitz et alii, 2003).

Decisão limitada

Na decisão limitada, os consumidores geralmente buscam alguma informação ou confiam na opinião de alguém conhecido para ajudá-los a avaliar alternativas. De modo geral, várias marcas poderiam ser avaliadas usando-se um número moderado de diferentes atributos. Você poderia usar a decisão limitada na escolha de uma torradeira, um jantar num restaurante e outras situações de compra nas quais você tem pouco tempo ou esforços para empregar. A decisão limitada é responsável por cerca de um terço das ocasiões de compra.

Decisão estendida (ou ampliada)

Na decisão estendida, cada um dos cinco estágios do processo decisório de consumo é percorrido na compra, incluindo tempo e esforços consideráveis na busca de informações externas e na identificação e avaliação das alternativas. Geralmente, várias marcas estão no conjunto evocado e elas são avaliadas em relação a muitos atributos. Na decisão estendida existem situações de compra com alto envolvimento para itens como automóveis e investimentos em ações e títulos. As empresas que comercializam esses produtos envidam esforços significativos informando e educando os consumidores. Pouco mais de um décimo das ocasiões de compra encontram-se nessa categoria.

Influências contextuais

Com freqüência, a situação de compra irá afetar o processo decisório de consumo. Cinco *influências contextuais* têm impacto sobre o processo decisório de consumo:

- a tarefa de compra;
- o ambiente social;
- o ambiente físico;
- os efeitos temporais;
- os estados antecedentes.

A tarefa de compra é a razão para o engajamento na decisão, em primeiro lugar. A busca e a avaliação de informações podem diferir caso a compra seja um presente, que muitas vezes envolve um aspecto social, ou caso seja para uso próprio do comprador. O ambiente social, incluindo as outras pessoas que estão presentes quando uma decisão de compra é tomada, também pode afetar o que se compra. O ambiente físico, como a decoração, a música, os odores, a temperatura e a quantidade de clientes dentro da loja, pode alterar a forma pela qual as decisões de compra são tomadas. Os efeitos temporais, como a hora do dia ou a quantidade de tempo disponível, irão influenciar o local em que os consumidores tomarão café da manhã ou almoçarão e o que será pedido. Finalmente, os estados emocionais ou cognitivos antecedentes, que incluem o humor ou a disposição de gastar o dinheiro disponível, podem influenciar o comportamento de compra e a escolha do consumidor.

O comportamento do consumidor organizacional

O comportamento do consumidor organizacional tem recebido menor atenção na literatura do que o do consumidor individual. Parte da razão para tal está em que o marketing como instrumento gerencial foi adotado mais rapidamente pelas empresas de bens de consumo do que pelas de bens industriais.

Outra razão está no grande número de variáveis envolvidas no processo de compra organizacional, que torna o seu estudo menos simples. Um exemplo característico de estrutura complexa no mercado industrial é o da indústria têxtil, em que se têm os fornecedores de produtos químicos, os fabricantes de fios sintéticos e naturais, os fabricantes de tecidos, os confeccionistas, as lojas e, finalmente, os consumidores finais. Entre esses níveis pode existir um conjunto de intermediários que atuam como facilitadores no processo de compra industrial.

A complexidade está presente não apenas na estrutura de mercado, que abrange desde os fornecedores de insumos a usuários até a organização de compra de cada uma das empresas envolvidas, que pode envolver vários departamentos ou setores. Além disso, dentro de cada departamento pode haver vários indivíduos que desempenham diferentes papéis no processo de compra. Cada um desses papéis pode ser desempenhado por um ou mais indivíduos e cada indivíduo pode desempenhar mais de um papel. No caso da aquisição de um novo material de embalagem para um produto, o iniciador poderia ser o gerente do produto; o influenciador poderia ser um assistente do diretor de compras; o decisor, o próprio diretor de compras; o comprador, o chefe de compras; e o usuário, o diretor de produção da fábrica. O guardião poderia ser, por exemplo, um engenheiro da área técnica que, por uma razão ou outra, estivesse na vanguarda do conhecimento tecnológico sobre o assunto em questão. Uma empresa do setor de suprimentos para escritórios verificou, por exemplo, que a simples compra de cartuchos para impressoras a jato de tinta era feita, tipicamente, pela secretária e pelo contínuo, com a anuência do gerente administrativo. Todos esses indivíduos com seus respectivos papéis tornam extraordinariamente complexa a tarefa de se estudar o processo de compra organizacional.

Com freqüência, o pessoal de compras em uma empresa é avaliado em função de:

- facilitar o trabalho dos departamentos ou indivíduos usuários do produto ou serviço a ser adquirido, assegurando qualidade e prazos de entrega;
- obter preços aceitáveis;
- adequar-se às expectativas e normas da empresa relativas a compras;
- gerenciar os recursos para localização de fontes de suprimento;
- gerenciar as despesas de *overhead* relativas ao centro de compras;
- adequar-se a outras políticas da empresa (Rocha & Christensen, 1999).

Com o objetivo de *mapear* esta complexidade, listam-se a seguir duas categorias de fatores determinantes do processo de compra organizacional: os determinantes em cascata e as influências contextuais.

Determinantes em cascata do processo de compra organizacional

Considerando que o processo de aquisição organizacional é mais complexo, mais formalizado e, em geral, mais racional do que o processo de compra de consumo, podem-se considerar os seguintes determinantes em cascata do comportamento de compra: fatores ambientais, organizacionais, interpessoais e individuais.

Fatores ambientais

Os fatores ambientais podem ser relativos ao macroambiente, isto é, abranger as variáveis sociais, culturais, políticas, econômicas e tecnológicas. Alguns desses elementos podem afetar diretamente as decisões de compra. Por exemplo, o centro de compras da empresa poderá decidir-se por compras em maiores volumes diante da expectativa de aumento de preços, decorrente de mudanças na política econômica da empresa. Influências indiretas podem ser exercidas sobre o centro de compras em função de outros fatores econômicos, tais como disponibilidade de moeda e crédito, nível de emprego. As condições gerais de negócios influem igualmente na forma de operar do centro de compras, em particular as possíveis restrições existentes à realização de negócios. Por exemplo, o governo pode proibir a aquisição de matérias-primas ou equipamentos estrangeiros, ou criar restrições de volume a importações de qualquer tipo. Algumas forças institucionais, tais como o governo, os sindicatos trabalhistas, as associações de classe e as associações profissionais, os grupos de pressão política ou as associações de moradores podem influenciar, ainda, de forma direta ou indireta, a atuação do centro de compras. Além disso, existem forças interorganizacionais que influenciam a atuação do centro de compras da empresa, sendo provavelmente a principal delas o próprio esforço de marketing dos fornecedores.

Fatores organizacionais

Diversos fatores relativos à própria organização formal podem afetar as decisões do centro de compras. Entre eles destacam-se: sistemas de objetivo e tarefa, sistemas de comunicação e informação, sistemas de recompensa, sistemas de autoridade, sistemas de *status*, *status* tecnológico e grau de centralização da estrutura. Entre os fatores listados, alguns relacionam-se diretamente com a atividade de compras e outros, não. Por exemplo, as normas e diretrizes da empresa com relação a compras, os requisitos técnicos de operações e os níveis de estoques definidos funcionam como restrições organizacionais à atuação do centro.

Fatores interpessoais

Os fatores interpessoais derivam da existência de vários indivíduos que interagem no processo de compra organizacional, e cujos objetivos devem ser levados em conta em algum ponto do processo. Os relacionamentos entre os membros do centro de compras refletem uma interação complexa das metas pessoais e organizacionais, que orientam seu desempenho. Essas metas individuais e organizacionais combinam-se de modo singular para fixar um quadro de referência que dá base a cada indivíduo e determina sua interpretação do comportamento dos demais membros do centro de compras. O quadro de referência do indivíduo determina os critérios que ele usará na avaliação das ações alternativas de compra (produtos e fornecedores), suas atitudes para com os outros membros do centro de compras, suas expectativas quanto aos vendedores, bem como sua exposição a outras fontes de informação para compra.

Fatores individuais do comprador

Basicamente, dois tipos de fatores individuais influenciam as decisões de compra: mecanismos psicológicos do indivíduo (motivação, percepção, aprendizagem, processo cognitivo); fatores comportamentais (experiências de compras passadas, risco percebido, hábitos de comunicação). Em geral, considera-se que os fatores pessoais do comprador não devem afetar a decisão de compra organizacional. Trata-se de uma suposição errônea, tendo-se suficientes evidências empíricas de que apenas em casos raros este comportamento idealizado acontece.

Influências contextuais sobre o processo de compra organizacional

Outras variáveis afetam o grau de autonomia na decisão de compra organizacional, a saber: as fontes de informação, o tipo de compra, risco percebido, premência de tempo, orientação da empresa compradora, o seu porte e o grau de centralização.

Fontes de informação

A influência das fontes de informação é um elemento importante para o entendimento do processo de compra organizacional. O tipo de informações a que tem acesso cada participante no processo decisório organizacional de compra é também distinto. Tipicamente, os indivíduos diretamente responsáveis por compras (como o agente ou o gerente de compras) têm acesso a um volume maior de informações do que os demais participantes. Além disso, ele recebe informações específicas sobre preços e condições, que geralmente os demais não recebem.

Tipo de compra

O grau de ineditismo afeta diretamente a natureza do processo decisório de compra, que será distinto conforme se trate da primeira compra, de uma compra modificada ou simplesmente de uma compra repetida. Quanto maior o gasto de capital, repetido poucas vezes, mais comum é uma decisão conjunta. Se a compra for repetitiva ou rotineira, ou for limitada à manutenção de produtos ou serviços, a decisão de compra será, provavelmente, delegada a uma das partes.

Risco percebido

Quanto maior o risco percebido, mais o indivíduo tenderá a evitar a decisão autônoma e a buscar a decisão conjunta.

Premência de tempo

Situações de emergência tenderiam a ser tratadas de forma diferente daquelas em que existe tempo para considerar alternativas.

Orientação da empresa compradora

Se a empresa é orientada para tecnologia, é provável que predominem na tomada de decisão os engenheiros de pesquisa e desenvolvimento. Se a estrutura é mais orientada para a produção, o pessoal desse setor tende a dominar as decisões de compra.

Porte

Parece claro que em empresas menores as decisões tendem a ser tomadas de forma mais autônoma, enquanto em empresas maiores as decisões tendem a ser tomadas de forma conjunta.

Grau de centralização

A concentração de poder é uma característica da cultura e da estrutura fortemente influenciadora do processo de compra organizacional. Em empresas mais descentralizadas, as decisões tendem a ser conjuntas, enquanto em empresas centralizadas, são mais autônomas.

No caso da tomada conjunta de decisões, é necessária a criação de algum mecanismo que permita à empresa solucionar os possíveis conflitos entre os participantes na decisão. A escolha final do fornecedor e da marca é ainda afetada por fatores situacionais, isto é, fatores relativos a situações específicas, que não ocorrem com freqüência suficiente para que se possa generalizar a seu respeito.

Em função de suas responsabilidades na decisão de compras, alguns elementos estarão mais engajados do que outros na obtenção de informações. Entre os participantes na decisão, alguns terão papel passivo, aguardando a chegada de informações, enquanto outros terão papel ativo, buscando constantemente novas informações. Neste processo de busca e recepção de informações, os indivíduos estarão sujeitos aos fenômenos da percepção seletiva, examinados neste livro. Isto é, cada um deles tenderá a desenvolver sua própria visão das alternativas de compra disponíveis, e do valor de cada alternativa. Do conjunto de informações a que o indivíduo for submetido, ele tenderá a registrar apenas aquelas que para ele têm significado, como resultado da ação dos filtros da percepção e da memória.

Finalmente, os processos de aprendizagem também deverão interferir, por meio da satisfação obtida com as compras passadas. Essa satisfação refere-se não apenas à adequação do produto ou serviço às necessidades da empresa, mas também ao modo de avaliação do indivíduo em função dos resultados obtidos com as compras passadas.

3

Aplicações e planejamento da pesquisa de marketing

Ter o melhor conhecimento de mercado, entender em profundidade as necessidades e os desejos do consumidor, obter vantagem competitiva sustentável, ter um posicionamento único e exclusivo para produtos e serviços são o melhor dos mundos para qualquer empresa, não é mesmo? Essas questões fervilham nas cabeças dos mais competentes profissionais de marketing há muito tempo, pois demandam informações valiosas de mercado que sustentem tomadas de decisão acertadas. A pesquisa de marketing, como ferramenta de auxílio à administração mercadológica, pode ser um instrumento poderoso de análise de mercado e de interpretação da realidade, que colabora com a resolução dessas e outras questões relevantes do mundo empresarial.

Segundo a American Marketing Association (AMA), a pesquisa de marketing é a "obtenção sistematizada, armazenamento e análise de dados sobre situações de marketing de produtos e serviços". Faz-se pesquisa quando há a necessidade da busca de dados e fatos que forneçam respostas a respeito de um problema ou momento específico de marketing. A pesquisa faz o diagnóstico de uma determinada situação mercadológica mediante esforço planejado e organizado para a obtenção de fatos e novos conhecimentos de mercado. Todo esse esforço é realizado para minimizar os riscos de uma tomada de decisão. Contudo, é importante deixar claro que o pesquisador não pode tomar a decisão pelo executivo de marketing, pois a pesquisa lida com um produto altamente perecível (informação). Como se diz usualmente, a pesquisa é uma "fotografia do momento". A pesquisa fornece informações úteis para a tomada de decisão? Sim, sem dúvida, mas as informações nunca serão totalmente completas ou definitivas. A pesquisa estará sempre trabalhando com uma provável conclusão a respeito da realidade de mercado. O risco estará sempre presente, pois ele faz parte da dinâmica empresarial. Não há espaço para a transferência da responsabilidade da tomada de decisão para o pesquisador de marketing. Ao contrário, caberá ao executivo de marketing, com sua intuição, talento e conhecimento de mercado, tomar a decisão do curso de ação mercadológica com base nas informações da pesquisa. A pesquisa é uma ferramenta que realmente diminui a área de incerteza da administração de marketing. Contudo, muito mais do que isso, a pesquisa acaba sendo um contínuo investimento em aprendizado.

Aplicações da pesquisa de marketing

Os estudos de pesquisa têm uma série de aplicações práticas na gestão de marketing. Uma pesquisa pode ser realizada para avaliar oportunidades de mercado, outra para desenvolver opções de segmentação de mercado, outra ainda para compreender as atitudes e o comportamento do consumidor. De maneira geral, todo profissional de marketing trabalha com as seguintes informações para a tomada de decisão (Mattar, 1997): informações para análise do mercado, informações para análise do marketing mix, e informações sobre medidas de desempenho.

Informações para análise do mercado

Há uma série de fatores a serem analisados para que se possa construir um quadro nítido das condições de mercado, a saber: macro e microambiente, comportamento, necessidades, desejos e características do consumidor/cliente e ambiente interno da empresa.

- *Análise do macroambiente e do microambiente* — diz respeito às condições da economia, legislação, tecnologia, demografia, ecologia, política e cultura, à estimativa do potencial do mercado consumidor, à análise do mercado intermediário, à evolução do mercado, à demanda por segmento, às diferenças regionais, ao surgimento e crescimento de novos mercados, à concorrência direta e indireta, concorrência entre produtos/serviços.
- *Análise do comportamento, necessidades, desejos e características do consumidor/cliente* — trata-se do perfil demográfico e psicográfico do consumidor, das razões de compra, das atitudes e opiniões, das motivações de consumo, da identificação de hábitos e costumes, das necessidades e desejos que estão sendo satisfeitos.
- *Ambiente interno* — recursos e capacitações de marketing, produção, finanças e tecnologia.

Informações para análise do marketing mix

O *marketing mix*, ou composto de marketing, também merece um tratamento cuidadoso do profissional de marketing, devendo-se realizar um mapeamento dos produtos e serviços, preços praticados, formas de distribuição e comunicação presentes no mercado.

- *Produtos/serviços* — nível de conhecimento de produtos e serviços, preferência do consumidor, experimentação de produtos/marcas, adaptação de produtos atuais, novos usos para antigos produtos, posição do produto e da empresa em face da concorrência, novos produtos (teste de conceito, pré-teste e teste de mercado), teste de embalagem; imagem de marca, freqüência de uso, local e época de compra, participação do produto/marca no mercado, serviços de pós-venda (assistência técnica, instalação, linha direta com o consumidor) e ações para enfrentar a concorrência.

- *Preço* — estabelecimento de preços, elasticidade do preço em relação à demanda, aumento, manutenção ou redução de preços e importância relativa do preço comparado às demais variáveis do *marketing mix*.
- *Distribuição* — escolha de intermediários, teste de desempenho; efeito do treinamento em vendas, seleção de canais de distribuição, determinação de zonas de vendas, determinação de cotas de vendas e avaliação de ponto-de-venda.
- *Comunicação* — avaliação de campanhas publicitárias (pré-testes de anúncios e pós-testes de recordação de campanhas), efeito de campanhas promocionais e efeitos da propaganda na mudança da imagem de marca.

Informações sobre medidas de desempenho

Também é preciso que se acompanhem as vendas atuais por linha de produto, por produto ou por mercado, participações de mercado, lucratividade, imagem de marca, níveis de resposta de propaganda e promoções de vendas (consumidores, intermediários, vendedores).

Sistema de informações de marketing (SIM)

Segundo Aaker e co-autores (2001:46), "um sistema de informações é uma estrutura interativa e contínua de pessoas, equipamentos e procedimentos que coletam, selecionam, analisam e distribuem informações de marketing pertinentes, corretas e em tempo hábil para os tomadores de decisões" de marketing. Em outras palavras, o SIM é o sistema que reúne as informações necessárias para a tomada de decisões e análises a serem feitas pela empresa, com base no mercado.

O SIM nada mais é do que um modelo, ou seja, uma estrutura conceitual universalmente aceita pelas empresas, mas aplicada caso a caso, de diferentes formas. Para que seja possível fazer a ligação entre o modelo e a prática efetiva, alguns pontos devem ser observados.

- Como funciona e quais são as partes que compõem o sistema?
- Quais os diferentes tipos de dados com que o SIM trabalha?
- Como um *dado* se transforma em *informação*?

Como os dados ou informações se transformam em conhecimento? Esses pontos, trabalhados em conjunto, efetivamente alimentam o processo de tomada de decisões das empresas, gerando, em conseqüência, o conhecimento necessário para a administração mercadológica.A figura 1 apresenta o SIM.

Figura 1
SISTEMA DE INFORMAÇÕES DE MARKETING

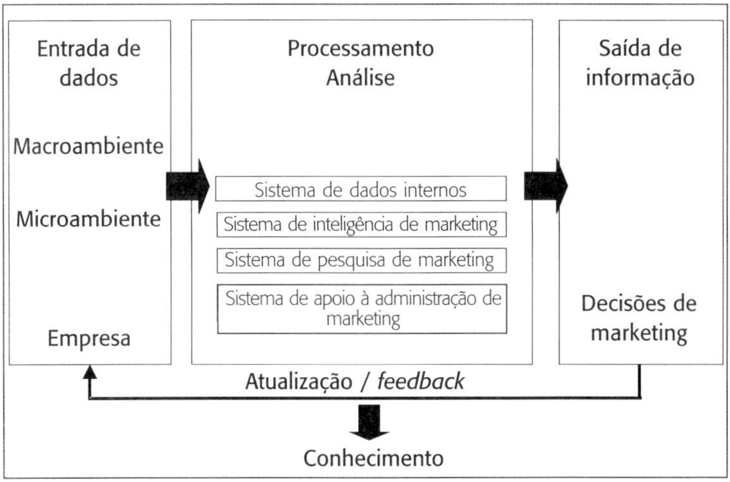

Em linhas gerais, o SIM funciona como descrito a seguir.

a) Há a entrada de dados oriundos do macroambiente (dados sobre política, cultura, tecnologia, ecologia, geografia, legislação e economia), do microambiente (dados de consumidores, canais de distribuição, concorrentes, fornecedores e complementadores) e da própria operação da empresa (dados contábeis, financeiros, de resultados de vendas, do desempenho das iniciativas de marketing).
b) Os dados de entrada podem ser *dados secundários* (dados já disponíveis no ambiente de marketing, que já foram coletados, tabulados e analisados com propósitos outros e que estão à disposição dos interessados) e *dados primários* (geralmente, pesquisas que são feitas sob medida para estudar um determinado assunto, isto é, para atender necessidades específicas de informação). Os dados primários são dados inéditos nunca antes coletados no ambiente de marketing.

Como citado, os dados secundários são aqueles que se encontram disponíveis na empresa ou no mercado. Muitos deles podem ser obtidos por meio de sites na internet, de forma rápida, barata e acessível por qualquer empresa ou pessoa. Séries históricas de consumo por segmento/região, estatísticas de atendimento/vendas, indicadores de qualidade e relatórios financeiros são exemplos de dados secundários internos, ou seja, disponíveis e gerados pela própria organização. Notícias relativas à concorrência, tendências mundiais e panoramas setoriais são exemplos de dados secundários externos, obtidos por meio de consultas a diferentes instituições. Fontes de consultas para esses tipos de dados são jornais, revistas, associações de empresas, autarquias, bibliotecas e universidades. Veja no quadro 2 uma lista com exemplos de fontes de dados secundários.

Quadro 2

EXEMPLOS DE FONTES DE DADOS SECUNDÁRIOS

Tipo de fonte	Exemplos
Instituições não-governamentais	❑ Fiesp/Ciesp — Federação e Centro das Indústrias do Estado de São Paulo ❑ Anfavea — Associação Nacional dos Fabricantes de Veículos Automotores ❑ Abav — Associação Brasileira das Agências de Viagem ❑ Abia — Associação Brasileira da Indústria de Alimentos ❑ Abinee — Associação Brasileira das Indústrias Elétrica e Eletrônica ❑ Dieese — Departamento Intersindical de Estudos e Estatísticas ❑ FGV — Fundação Getulio Vargas ❑ Fipe — Fundação Instituto de Pesquisas Econômicas da FEA/USP ❑ Sebrae — Serviço de Apoio às Micro e Pequenas Empresas ❑ Fundações de defesa do meio ambiente ❑ Demais associações, sindicatos e ONGs
Órgãos governamentais	❑ IBGE — Instituto Brasileiro de Geografia e Estatística (censos demográfico, industrial, predial, de serviços e agropecuário; Pnad) ❑ BNDES — Banco Nacional de Desenvolvimento Econômico e Social ❑ Ipea — Instituto de Planejamento Econômico e Social ❑ Seade — Fundação Sistema Estadual de Análise de Dados ❑ Ministérios — Planejamento; Ciência e Tecnologia; Saúde; Educação; Meio Ambiente; Relações Exteriores; Turismo; Cultura; Transportes; Justiça; Defesa; Fazenda
Serviços padronizados de informações	❑ Entidades: ABA — Associação Brasileira dos Anunciantes Anep — Associação Nacional das Empresas de Pesquisa Abipeme — Associação Brasileira dos Institutos de Pesquisa de Mercado SBPM — Sociedade Brasileira de Pesquisa de Mercado ❑ Dados do consumidor: Ibope Mídia; Marplan ❑ Dados empresariais: Serasa; *Valor Econômico*; *Gazeta Mercantil* ❑ Dados da indústria: Dun & Bradstreet ❑ Pesquisas contínuas/painéis: AC Nielsen; Gallup; Datafolha; Vox Populi; Indicator; Close Up; Gartner Group

continua

Tipo de fonte	Exemplos
Publicações e internet	❑ Jornais: *DCI – Diário Comércio e Indústria* (SP) *Jornal do Commercio* (RJ) *Folha de S. Paulo* *Estado de S. Paulo* Jornais locais ❑ Revistas: *Brasil Financeiro* (Editora Banas) *Exame* (Editora Abril) *Indústria e Desenvolvimento* (Ciesp) *Páginas Amarelas* (Editora de Guias LTB) *Superhiper* (Associação Brasileira de Supermercados) *RA – Revista de Administração* (FEA/USP) *RAE – Revista de Administração de Empresas* (FGV) *Conjuntura Econômica* (FGV) ❑ Sites: Google; Intermanagers; jornais *online*; associações; ministérios

c) Os dados são classificados de acordo com os subsistemas que compõem o SIM, processados e analisados em conjunto, gerando uma informação que servirá de apoio à tomada de decisões. Esses subsistemas são: subsistema de dados internos, subsistema de inteligência de marketing, subsistema de apoio à administração de marketing e subsistema de pesquisa de marketing, conforme detalhado a seguir.

O *subsistema de dados internos* envolve todo dado que a empresa produz para gerir o andamento dos negócios. Um bom exemplo são os tradicionais relatórios gerenciais de desempenho de vendas, relatórios financeiros, dados de produção/estoque, dados setoriais, regionais ou globais. São, basicamente, dados secundários.

O *subsistema de inteligência de marketing* envolve toda a inteligência que se pode buscar externamente à empresa, por exemplo, pesquisas contínuas da AC Nielsen, clipagem de imprensa, estudos setoriais gerados por entidades e associações, leituras, conversas com distribuidores. Outros subsistemas são utilizados, como forma de contribuição para as (futuras) estratégias de negócios, cujos dados podem ser secundários ou primários.

O *subsistema de apoio à administração de marketing* é um conjunto de recursos tecnológicos (*software* e *hardware*) e técnicas estatísticas aplicadas à gestão de negócios. Softwares de gestão empresarial como SAP, Oracle e JD Edwards, que integram todos os departamentos e, conseqüentemente, todos os dados gerados por uma determinada organização, *software*s especialistas, por exemplo, um *software* desenvolvido para capturar pedidos de vendas pela internet, e ferramentas estatísticas como regressão múltipla, análise discriminante e análise fatorial são exemplos de sistemas de apoio à tomada de decisões.

O *subsistema de pesquisa de marketing* é apenas um dos componentes do SIM. Entre esses componentes, ele é o único instrumento que coleta dados primários. Estes, em muitas empresas, estão armazenados num departamento de pesquisa de marketing ou num grande departamento de marketing.

d) A informação gerada é disseminada para os profissionais interessados. Após a tomada de decisão, o cenário mercadológico modifica-se, gerando um conhecimento proveniente da análise de como as decisões baseadas nas informações foram eficazes e, portanto, como seria a melhor maneira de corrigir eventuais erros de curso, em um processo de retroalimentação e atualização do sistema.

Assim, o principal papel de um SIM é avaliar as necessidades de informação do administrador, desenvolver as informações mais úteis e distribuí-las no tempo certo. Os benefícios esperados pelas empresas na utilização de um sistema de informações de marketing são: evitar surpresas, identificar ameaças e oportunidades, obter e manter a vantagem competitiva com redução do tempo de reação, minimizando os recursos, acompanhar mudanças de valores, hábitos e necessidades do consumidor e, por último, aprimorar e revisar continuamente o planejamento estratégico de longo e curto prazos.

Assim, na constituição de um sistema de informações, algumas premissas básicas e conceitos fundamentais precisam estar no cerne das preocupações daqueles que definirão a forma como o sistema estará modelado, para se estabelecer o melhor formato de um adequado sistema de informações. Estas premissas são: um conjunto de dados não representa, necessariamente, uma informação; conjunto de dados, ou um dado, só se transforma em informação quando se conhece o objetivo de seu uso, ou seja, sua interpretação. A acumulação de dados — numa biblioteca, num arquivo, num disquete, na memória humana — pode ter vários nomes, como patrimônio, banco de dados ou cultura organizacional. Mas também poderá ser chamada de "bando de dados" se não tiver uma finalidade. Quanto maior a quantidade de dados a serem acumulados, maior o investimento necessário para a sua coleta, classificação, armazenamento e atualização.

Há ainda alguns cuidados que devem ser tomados na coleta e no armazenamento dos dados que farão parte do SIM. É importante que o gestor do sistema tenha uma postura crítica com relação aos dados disponíveis na organização, porque, não raras vezes acontece o seguinte:

- os dados disponíveis não são confiáveis;
- os dados estão dispersos dentro da empresa, exigindo grande esforço para ser localizados — nesse caso, só vale a pena investir nos efetivamente importantes;
- os dados realmente importantes são suprimidos, ou demoram muito a aparecer, por conveniência política, por gerarem polêmica ou por terem impacto sobre decisões importantes dentro da empresa;

- os dados são deliberadamente ocultados para que uma decisão possa ser tomada sem maiores problemas;
- os dados importantes disponíveis na organização não permitem localizar a fonte, o que é um problema especialmente delicado pois, sem esta, não será possível manter o dado atualizado.

A interpretação dos dados é muito pessoal e, por vezes, pode induzir a um erro na tomada de decisão. Também há casos em que um administrador interpreta os dados de forma viesada para justificar as suas decisões.

Dados e informação representam poder e alimentam "feudos" internos e externos. Quando tais feudos existem, disponibilizam apenas as informações que enaltecem o seu trabalho, ou que desmerecem outro. É muito importante ter cuidado com essa situação relativamente comum, sendo crítico e cauteloso ao extremo, para que somente os dados corretos, e em todas as suas facetas, sejam disponibilizados.

Há, ainda, diferentes formas de interpretação dos dados, de acordo com a formação dos administradores que os utilizam. Os especialistas olham dados, interpretam-nos de forma localizada e restrita e, normalmente, criam polêmica por falta de visão generalista. Por outro lado, os generalistas interpretam dados e visualizam apenas se o seu uso atende às questões estratégicas. Acima de tudo, ter dados e conhecê-los é cultura, no sentido de domínio de conhecimento, e saber processá-los, transformando-os em informação, é sobrevivência. Saber usar a informação é a arte do poder. A inteligência de negócios é muito mais uma forma de comportamento do que um sistema formatado, formal e cartesiano.

Planejando uma pesquisa

O planejamento de uma pesquisa inicia-se com a definição do problema da pesquisa, à qual se segue a definição dos objetivos dela. Com o *briefing* elaborado, pode-se escolher o fornecedor externo da pesquisa, tal como descrito no presente capítulo.

Definição do problema de pesquisa

Apesar da relevância de todas as etapas de uma pesquisa de marketing, a definição do problema é fundamental para o adequado desenvolvimento do processo. O problema de pesquisa delimita o alcance do estudo, especifica a natureza da informação desejada, explicita qual é a real dúvida de informação. É com base na definição do problema que todas as etapas subseqüentes do plano de pesquisa são geradas. Se houver erro na definição do problema, todo o processo de pesquisa pode ficar comprometido. Há a possibilidade de se ter objetivos equivocados, metodologia inadequada e resultados distorcidos.

A compreensão do contexto ambiental facilita a identificação do problema. O diagnóstico da situação mercadológica, geralmente fazendo uso de fontes de dados secundários, proporciona a clareza necessária para se definir a questão-chave da pesquisa. Questão-chave de pesquisa é sinônimo de problema de pesquisa. Logo, problema de pesquisa diz respeito a uma pergunta que precisa ser respondida.

Um hotel hipotético localizado numa das cidades do litoral sul de São Paulo passou por sérias transformações em relação à sua demanda e ao mercado local. Nos últimos anos, a cidade e o hotel em questão deixaram de ser um local apenas destinado às pessoas de maior renda, atraindo pessoas de outras classes. O hotel, construído e posicionado para atender o cliente com alto poder aquisitivo, estava operando com baixíssimas taxas de ocupação, pois não conseguia atrair o perfil de público desejado. O posicionamento adotado pelo hotel não condizia mais com a realidade da demanda e com a mudança do mercado local. De acordo com esse contexto ambiental, o gestor do hotel viu-se diante de algumas questões relevantes: "o que eu devo fazer para reverter tal situação? Mudar a estrutura de serviços? Abaixar o preço? Como fazer isso sem prejudicar ainda mais a receita do hotel?" De todas essas interrogações, havia uma que era o cerne da questão: quem, atualmente, está se hospedando no hotel? Qual o perfil desse público? Aí estava o problema, a questão-chave a ser resolvida. O propósito da pesquisa foi então investigar o perfil dos atuais freqüentadores do hotel, suas características, necessidades e desejos, para que os resultados do estudo fornecessem os subsídios adequados para um reposicionamento estratégico do negócio, com os decorrentes ajustes no *marketing mix*.

O problema de pesquisa sempre tem a finalidade de contribuir para a tomada de decisão de marketing. No caso do hotel citado, a decisão de marketing era: quais modificações no *marketing mix* são necessárias para que se tenha um (novo) posicionamento adequado para o público-alvo? Diante dessa necessidade mercadológica, a questão-chave da pesquisa investigou o perfil dos hóspedes atuais do hotel (características demográficas, razões de compra, atitudes e opiniões). Com base nas constatações da pesquisa, o hotel tomou a decisão de rever a estrutura de serviços, investir em algumas melhorias de infra-estrutura, adotar políticas diferenciadas de preço e adequar a comunicação com o mercado.

Geralmente, os problemas gerenciais e de marketing das empresas tendem a ser amplos e genéricos. Já os problemas da pesquisa de marketing precisam ser específicos e focados, para que esta possa dar resultados satisfatórios. Quando um problema é amplo demais, muitas vezes são necessárias várias pesquisas de mercado correndo em paralelo para resolvê-lo. E, para que você obtenha êxito, é fundamental definir os objetivos de cada pesquisa.

Definição dos objetivos de pesquisa

O problema estabelece o foco do estudo, mas são os objetivos da pesquisa que determinam quais informações específicas são necessárias para se responder ao problema. Na verdade, os objetivos de pesquisa são decorrência da definição do problema a ser resolvido. Segundo Samara e Barros (2001:12), "os objetivos da pesquisa são determinados de maneira a trazer informações que solucionam o problema de pesquisa. É um processo interdependente e que exige total coerência entre o problema definido e os objetivos do projeto de pesquisa". É importante ressaltar que, dependendo do problema de pesquisa e dos "recursos físicos, humanos, financeiros e tecnológicos disponíveis" (Mattar, 1997:60), os objetivos podem requerer uma simplificação ou maior detalhamento do seu escopo, alcance e abrangência.

Os objetivos podem decorrer da formulação de hipóteses (afirmações ou possíveis respostas que podem ou não ser confirmadas pela pesquisa) sobre o problema definido. As hipóteses são formuladas principalmente quando se "trata da verificação de relações de causa e efeito entre variáveis" (Mattar, 1997:61). Na grande maioria das vezes, os objetivos são traçados de acordo com as informações relacionadas ao problema e necessárias para a tomada de decisão. Isso significa dizer que essas informações podem ou não ter sido estabelecidas com base em hipóteses. Geralmente, os objetivos de pesquisa são trabalhados como a seguir:

Objetivo geral ou principal da pesquisa

Tem a utilidade de servir como um balizador, um guia para a busca de informações. O objetivo principal mantém a pesquisa "nos trilhos", evitando que ela perca o foco estabelecido. O objetivo principal responde ao problema de pesquisa; se o objetivo geral for atingido, o problema terá encontrado sua resposta.

No caso do hotel, a questão-chave era: quem atualmente está se hospedando no hotel? Qual o perfil desse público? Por causa desse problema, foi traçado o seguinte objetivo principal: identificar o perfil dos hóspedes atuais do hotel, suas características demográficas, razões de compra, atitudes e opiniões.

Objetivos específicos ou secundários

Decorrentes muitas vezes das hipóteses, os objetivos secundários são o detalhamento das informações desejadas para responder ao problema de pesquisa. Esses objetivos são de extrema relevância para o processo de pesquisa, pois servirão como base de conteúdo para a elaboração dos instrumentos de coleta de dados (questionário ou roteiro de pesquisa).

Conforme afirmado, o objetivo principal responde ao problema. Se alcançado, o problema terá sua resposta, contribuindo para a tomada de decisão. Além disso, o objetivo principal mantém um foco muito claro sobre o que a pesquisa deseja investigar no mercado. Porém, é necessário que se faça uma importante e óbvia constatação: o objetivo principal serve de balizador para o estudo, mas ele é um tanto aberto. Nisso, não há nada de errado, pois as informações necessárias para alcançar o objetivo principal e responder ao problema de pesquisa decorrem do detalhamento dos objetivos secundários.

Os objetivos secundários traçados para a pesquisa do hotel foram:

- identificar o gênero, a faixa etária, a renda média familiar mensal e o local de origem dos hóspedes do hotel;
- levantar os motivos que levaram o hóspede a estar na cidade (lazer, férias, negócios);

- levantar quais foram os meios utilizados para se informar a respeito da cidade e do hotel (agência de turismo, guia de viagens, sites na internet, indicações de amigos/parentes, empresa);
- entender as opiniões do hóspede a respeito da cidade (praias, opções de lazer, atrações turísticas);
- mapear outros hotéis que foram consultados pelos hóspedes (pontos positivos e negativos);
- averiguar os motivos de terem escolhido o hotel (preços, localização, conforto, propaganda);
- identificar o grau de satisfação e importância dos atributos/ serviços presentes no hotel (café da manhã, *american bar*, conservação e limpeza dos apartamentos, cordialidade e atenção dos funcionários, conforto das acomodações, *room service*).

Veja, a seguir, outro exemplo de determinação de objetivos de pesquisa. Suponha, por exemplo, o contexto de uma cervejaria que deseja avaliar se a nova campanha de comunicação de sua mais importante marca de cerveja terá uma boa aceitação pelo seu público-alvo. A empresa deseja retomar a briga pela liderança do mercado, e para isso não quer desperdiçar o investimento de propaganda com uma mensagem criativa pouco persuasiva. O problema de pesquisa seria determinar a aceitação do público-alvo da cerveja em face da nova campanha publicitária.

O objetivo principal, neste caso, seria verificar a percepção e a aceitação do público-alvo em relação às peças publicitárias (anúncios em mídia impressa, mídia eletrônica e mídia de apoio).

Os objetivos secundários seriam:

- verificar os hábitos de consumo de bebidas alcoólicas;
- identificar as razões que levam ao consumo de cerveja;

- identificar quais atributos são importantes na escolha da cerveja (marca, sabor, tradição, teor alcoólico, preço);
- identificar a percepção do consumidor sobre as diversas marcas de cerveja do mercado;
- avaliar a opinião do consumidor a respeito dos anúncios de cerveja veiculados em televisão, revistas e *outdoor*;
- averiguar a aceitação das peças publicitárias em questão (pontos fortes e fracos da mensagem publicitária).

Alguns cuidados na definição dos objetivos de pesquisa devem ser tomados a fim de poupar esforço na coleta de dados, economizando tempo e dinheiro. São eles (McDaniel & Gates, 2003):

- Por que tais informações estão sendo procuradas?
- Essas informações já existem (dados secundários ou estudos anteriores)?
- A questão-chave de pesquisa pode ser realmente respondida?

Esses cuidados podem ser previstos no momento de elaboração do *briefing* de pesquisa para um fornecedor. A elaboração do *briefing* e suas implicações práticas serão discutidas a seguir.

Elaboração do briefing de pesquisa

O *briefing* de pesquisa (ou pedido de pesquisa) é um documento formal gerado pelo solicitante da pesquisa para estabelecer os parâmetros que ajudarão um fornecedor externo de pesquisa (ou a própria empresa, no papel de fornecedor interno) a formatar uma proposta de trabalho adequada às necessidades de investigação mercadológica.

Nesse documento, o solicitante relata um breve histórico sobre o problema e explica o que necessita que seja respondido pela pesquisa, e estabelece a verba disponível para o estudo, assim como a data em que precisa receber o relatório conclusivo. Como as necessidades de busca de informação são muito diferentes entre empresas de portes diversos e ramos de atividade distintos, no *briefing* realmente não podem faltar algumas respostas às perguntas a seguir:

- *Quais são os principais objetivos da pesquisa?* Novamente é importante enfatizar que os objetivos de uma pesquisa precisam estar claramente definidos. Quanto maior for a quantidade de assuntos a serem estudados por uma pesquisa, maior será o custo e o tempo despendido, e menor será a precisão dos resultados. Esta relação inversamente proporcional ocorre em virtude do tamanho do instrumento de coleta de dados que, para atingir muitos objetivos, tem de ser grande e, ao mesmo tempo, genérico para cada objetivo.
- *Que finalidade terá esse estudo?* É importante que se tenha claro que a pesquisa deve vislumbrar ações em conseqüência dos resultados. Pesquisas que servem apenas para matar a curiosidade tornam-se estudos muito caros e é um desperdício de dinheiro, visto que os resultados são extremamente perecíveis.
- *Há tempo hábil para realizar a pesquisa?* Pesquisas realizadas apenas com o intuito de avaliar uma decisão já tomada são um desperdício. Afinal, se o resultado da pesquisa é positivo, significa que algum gênio teve a brilhante idéia de encomendar a pesquisa. Porém, se o resultado é negativo, é a pesquisa que deve estar errada! Portanto, deve haver tempo hábil para tomar as decisões embasadas nos resultados das pesquisas.

O *briefing* pode ser usado pela própria empresa, quando ela dispõe de um departamento específico que realiza o planejamento e o desenvolvimento interno de pesquisas de mercado, ou pode ser entregue a fornecedores externos (agências ou institutos de pesquisa), para que esses atendam às demandas de informação da empresa solicitante.

O quadro 3 apresenta um modelo genérico de *briefing* de pesquisa que pode ser adaptado para qualquer empresa ou demanda de pesquisa.

Quadro 3

MODELO DE *BRIEFING* DE PESQUISA

***Briefing* para análise de viabilidade de pesquisa**

Objetivo: este *briefing* tem por objetivo mapear com precisão algumas questões que serão cruciais na elaboração de propostas ajustadas especificamente para a necessidade de informação.

Pequena descrição da empresa: ramo de atividade, principais produtos e serviços, anos de mercado, número de clientes atendidos, faturamento anual, regiões geográficas atendidas comercialmente, concorrentes diretos e indiretos, resultados de pesquisas anteriores realizadas sobre o mesmo tema.

Qual é o problema de marketing a ser resolvido? No que a pesquisa pode contribuir para resolver esse problema? A pesquisa servirá de subsídio para qual tipo de decisão envolvendo investimentos financeiros por parte da empresa? Qual o valor do investimento?

- Quais são os objetivos da pesquisa? Que informações se deseja obter com a pesquisa?
- Há dados secundários, com informações relevantes e úteis, que possam contribuir com os objetivos da pesquisa? (Fontes: entidades de classe, bibliografias específicas, dados internos da empresa, publicações e periódicos, estudos anteriores).
- Qual é o público-alvo da pesquisa? Qual o seu tamanho, em termos numéricos, e como ele está distribuído geograficamente em sua região de atuação comercial? Essa região será o foco de atuação da pesquisa?
- Há uma listagem disponível deste público? A listagem está atualizada com os seguintes dados: telefone, endereço, nome do contato e nome da empresa (quando for o caso)? Caso não esteja atualizada, há quanto tempo possui esta listagem? Esta listagem representa bem o perfil do público a ser pesquisado existente no mercado?
- Qual o grau de acessibilidade em relação ao público-alvo da pesquisa?
- Há alguma verba dedicada à execução desta pesquisa ou alguma restrição orçamentária? Quanto se imagina estar investindo neste projeto de pesquisa?

Escolha do fornecedor externo de pesquisa

A escolha de um fornecedor externo de pesquisa precisa basear-se em informações consistentes. A opção deve considerar a qualificação técnica do fornecedor em face da necessidade de informação desejada, mas também uma série de outros fatores.

Ao estabelecer critérios para selecionar um fornecedor externo, uma empresa deve ter em mente alguns itens básicos. Qual é a reputação do fornecedor? Ele conclui projetos no prazo? Respeita padrões éticos? É flexível? Seus projetos de pesquisa são de alta qualidade? Quanta experiência tem, e de que espécie? Ele tem experiência em projetos semelhantes a este? Seu pessoal possui conhecimentos técnicos e não-técnicos? (Malhotra, 2001).

Há pesquisas que demandam maior flexibilidade e criatividade, como o caso das exploratórias e qualitativas, outras que exigem um maior rigor técnico e estatístico, como o caso das pesquisas descritivas. Dependendo da pesquisa, há institutos mais preparados para atender uma ou outra demanda, em função de sua maior especialização em, por exemplo, pesquisas de opinião pública, preços e elasticidade de preços e painéis para o setor varejista, B2B, entre outros. Há centenas de bons fornecedores no mercado.

Dessa forma, quando surgir a necessidade de se contratar um fornecedor externo, algumas práticas ainda funcionam bem, por exemplo:

- escolha dos institutos que participarão da concorrência, levando-se em consideração as respectivas carteiras de clientes e casos atendidos;
- pedido de indicações para conhecidos ou especialistas no assunto;
- consulta à Associação Nacional das Empresas de Pesquisa

(Anep) ou a Associação Brasileira dos Institutos de Pesquisa de Mercado (Abipeme).

Há algumas recomendações para a comparação de propostas:

- interpretação do *briefing* de pesquisa — verifique se a compreensão do problema e dos objetivos da pesquisa está clara e expressa no restante da proposta de trabalho;
- adequação da proposta — a metodologia escolhida atende aos objetivos da pesquisa? O plano de amostragem é adequado? Os critérios de seleção dos entrevistados estão corretos e condizentes com os objetivos do estudo? Os prazos solicitados estão sendo considerados e respeitados?
- perfil do instituto — veja exemplos já citados;
- preço e condições de pagamento — o fator preço não pode ser decisivo na escolha de um instituto, mas o contrato de prestação de serviços vincula os pagamentos ao cumprimento de etapas?

Seja qual for o critério escolhido para a contratação de fornecedores, a adequação da proposta deve ser o fator prioritário de escolha.

Os institutos assumem o compromisso de seguir um rígido código de ética da Sociedade Européia de Pesquisa de Opinião Pública e de Mercado (Esomar) e da Associação Nacional de Empresas de Pesquisa (Anep), que tem como princípios básicos o respeito ao respondente, garantindo seu anonimato. As informações coletadas só serão utilizadas para fins de pesquisa de mercado e total transparência do processo com o contratante.

Metodologias de pesquisa

Após a definição do problema e dos objetivos de uma pesquisa, deve-se escolher a metodologia de pesquisa mais adequada à necessidade de investigação mercadológica. As principais nomenclaturas utilizadas para classificar as metodologias de pesquisa são as seguintes: pesquisa exploratória, pesquisa descritiva e pesquisa experimental.

Segundo Aaker e co-autores (2001:94), "a *pesquisa exploratória* é usada quando se busca um entendimento sobre a natureza geral de um problema, as possíveis hipóteses alternativas e as variáveis relevantes que precisam ser consideradas". A pesquisa exploratória colabora na definição do problema de pesquisa, ajuda a definir o foco e as prioridades de estudo e visa compreender o comportamento e as atitudes dos consumidores, explorando as possíveis relações de consumo existentes entre empresas e consumidores/clientes e servindo para levantar hipóteses e descobrir características desconhecidas sobre assuntos nos quais uma empresa não possui conhecimento ou domínio.

Dependendo dos objetivos e das necessidades de pesquisa, faz-se uso de dados secundários ou primários na pesquisa exploratória. Levantamento em fontes de dados secundários, observação, entrevistas individuais em profundidade, entrevistas em grupo e estudos de casos são exemplos de diferentes abordagens da pesquisa exploratória.

A técnica de pesquisa exploratória mais conhecida e utilizada no mercado é a pesquisa qualitativa, discutida em detalhes no capítulo 5.

A *pesquisa descritiva* é amplamente utilizada em marketing. Ela tem por objetivo descrever uma determinada realidade de mercado, dimensionando variáveis, por exemplo, mensuração do grau de satisfação de clientes de televisão a cabo, descrição dos hábitos de compra de leitores de revistas semanais, identificação das principais características econômicas e demográficas de consumidores de refrigerantes, mapeamento do potencial de mercado para o lançamento de um novo empreendimento imobiliário. Seu objetivo é obter um "retrato" de algumas características presentes num determinado mercado. A pesquisa quantitativa é a técnica descritiva que será abordada no capítulo 4.

A *pesquisa experimental* visa medir relações de causa e efeito entre variáveis conhecidas, ou seja, se uma mudança em uma variável causou uma variação observável em outra. Em marketing, a pesquisa experimental é muito utilizada em testes de degustação de novos produtos, modificações em embalagens ou fórmulas de produtos existentes e no teste de aceitação de um novo produto numa determinada área-teste (simulação de um lançamento real de um produto numa área restrita do mercado, que pode ser uma região geográfica ou um segmento). Argumenta McDaniel (McDaniel & Gates, 2003:234):

> O pesquisador muda ou manipula algo, chamado de variável *exploratória, independente* ou *experimental*, para observar que efeito essa mudança tem sobre uma outra coisa, chamada de *variável dependente*. Em experimentos de marketing, a variável dependente é freqüentemente alguma medida de vendas, como vendas totais ou fatia de mercado, e as variáveis exploratórias ou experimentais têm que ver com o mix de marketing, como preço, quantidade ou tipo de propaganda ou mudanças nas características dos produtos.

A abordagem de uma pesquisa experimental pode ser qualitativa ou quantitativa. Para um teste de embalagem, a técnica empregada tende a ser qualitativa. Para medir o resultado de vendas na introdução de um novo produto numa área-teste, utiliza-se a técnica quantitativa.

Muitas vezes a demonstração de causalidade entre variáveis demanda uma abordagem bastante complexa, o que compromete investimentos de marketing com resultados duvidosos, pois nem sempre a causalidade é comprovada, já que a operacionalização de uma pesquisa experimental não é simples. Toda a potencialidade teórica das técnicas da pesquisa experimental, exceto os exemplos citados, não é muito empregada pelos profissionais de marketing.

Dessa forma, os capítulos seguintes do livro apresentam em detalhes a pesquisa qualitativa (exploratória) e a pesquisa quantitativa (descritiva). Vale destacar que tanto as pesquisas qualitativas quanto as pesquisas quantitativas podem ser enquadradas nos dois tipos básicos de pesquisa existentes: as pesquisas contínuas e as pesquisas *ad hoc*.

As *pesquisas contínuas* são realizadas em intervalos regulares de tempo, tomando como base uma amostra fixa. As pesquisas contínuas destinam-se a detectar tendências e oportunidades para um conjunto de produtos ou para um conjunto de clientes. Os painéis de consumo e as auditorias de estoques são exemplos de pesquisas contínuas.

Os painéis consistem em verificar os hábitos e o padrão de consumo de um determinado público-alvo. O Grupo Ibope, por exemplo, realiza vários painéis de consumo por categoria de produto: o Beauty Panel, para produtos de maquiagem, cremes, loções e colônias, o Fashion Panel, para calças, roupas íntimas e meias, e o Impulse Panel, para produtos como chocolates, sorvetes e refrigerantes.

A auditoria de estoques (*store audit*) consiste em avaliar os abastecimentos e os estoques no varejo, no intuito de analisar tendências de participação de mercado, estratégias de estoques, níveis de cobertura de produtos em lojas e preços praticados por canal de distribuição. Esse tipo de estudo abrange basicamente as categorias de produtos de higiene, limpeza, bebidas e alimentos. O instituto de pesquisa AC Nielsen é referência não só para o mercado brasileiro, mas também para o internacional em estudos de auditoria de estoques.

Por fim, temos as pesquisas *ad hoc*. A expressão *ad hoc* tem origem no latim e significa "sob medida" ou "de acordo com o caso". As pesquisas *ad hoc* são realizadas para atender a um objetivo específico, num momento específico. São pesquisas aplicáveis a quase todos os casos, sendo as mais tradicionais em marketing.

4 Pesquisa quantitativa

A pesquisa quantitativa é um estudo estatístico que se destina a descrever as características de uma determinada situação mercadológica, medindo numericamente as hipóteses levantadas a respeito de um problema de pesquisa. A pesquisa quantitativa visa confirmar se os dados mensuráveis obtidos numa amostra são estatisticamente válidos para o universo do qual a amostra foi retirada. O que importa numa pesquisa quantitativa é a representatividade dos resultados baseada em critérios probabilísticos de seleção de amostras.

A pesquisa quantitativa permite o levantamento de um grande volume de dados, pois adota um processo de pesquisa mais formal e estruturado. A análise dos dados é baseada em estatísticas (freqüências, médias, modas, medianas ou desvios-padrão), e as constatações desse tipo de pesquisa são usadas como instrumental para a tomada de decisão.

A metodologia quantitativa é freqüentemente usada quando já se dispõe, em relação a um determinado problema, de conhecimento suficiente para a formulação de hipóteses. Muitas vezes, a pesquisa quantitativa testa as hipóteses levantadas num estudo de caráter qualitativo. Esse tipo de pesquisa é adequado para a mensuração das características de um determinado mercado ou público-alvo, quando se deseja mensurar questões relacionadas ao *marketing mix* (produto, preço, distribuição e comunicação), e também como subsídio para a definição do tamanho e do potencial de um mercado-alvo.

A pesquisa quantitativa tem caráter conclusivo, necessita de cálculo amostral mediante a audição de um expressivo número de pesquisados, requer apuro na análise, em especial no cruzamento das respostas, e é, basicamente, centrada em questionários.

Planejamento da pesquisa quantitativa

O planejamento de uma pesquisa quantitativa envolve:

- elaboração de questionário;
- escolha do método e desenho da amostra;
- definição do método de coleta de dados e os procedimentos de campo;
- checagem, forma de tabulação e análise dos dados e a elaboração do relatório final da pesquisa com as recomendações para a sua apresentação.

Elaboração do questionário

A elaboração de um questionário é vista como uma "arte imperfeita", pois não existem regras claras que possam produzir um bom questionário de pesquisa (Aaker et alii, 2001). Entretanto, algumas precauções podem ajudar a construir um instrumento de coleta de dados que seja consistente e adequado. Em primeiro lugar, é preciso ter bem definidos os objetivos da pesquisa. Geralmente, costuma-se classificar os objetivos da pesquisa em áreas de abordagem, por exemplo, variáveis demográficas, estilo de vida, hábitos de consumo, preferências, avaliação de imagem de marca, interesse de experimentação. Outras precauções também colaboram na formatação final de um questionário:

- verificar se as perguntas formuladas atendem aos objetivos do projeto;
- adequar o perfil dos entrevistadores ao do entrevistado para que tenham a mesma linguagem;
- checar se não há ambigüidade ou falta de alternativas em quaisquer perguntas do questionário;
- não fazer perguntas embaraçosas;
- não obrigar o entrevistado a fazer cálculos;
- não incluir perguntas que remetam a um passado distante;
- não incluir perguntas que já contenham respostas;
- usar perguntas introdutórias não comprometedoras.

Às vezes dispensáveis, as perguntas introdutórias permitem ao entrevistado organizar suas idéias.

A forma, a ordem e a quantidade de questões dependem também do método de coleta de dados que será utilizado e do grau de acessibilidade que o pesquisador possui com os respondentes. O quadro 4 apresenta um modelo genérico de organização de um questionário típico.

Quadro 4

MODELO DE ESTRUTURA DE UM QUESTIONÁRIO

Seqüência	Tipo	Função
Apresentação	Texto	Apresentar o entrevistador, o instituto, o propósito da pesquisa e solicitar a colaboração do provável respondente
Perguntas iniciais	Abrangentes e genéricas	Quebrar o gelo e criar empatia com o respondente
Próximas poucas perguntas	Simples e diretas	Assegurar ao respondente que a enquete é simples e fácil de responder
Perguntas posteriores a um terço do questionário	Perguntas específicas	Mais relacionadas aos objetivos da pesquisa para conduzir o respondente à área de interesse do estudo
Parte principal do questionário	Perguntas específicas; algumas podem ser difíceis e complexas	Obter a maioria das informações almejadas pela pesquisa
Últimas perguntas	Perguntas pessoais que podem ser encaradas pelo respondente como delicadas	Obter informações demográficas e classificatórias sobre o respondente

Fonte: Aaker et alii, 2001.

As perguntas de um questionário devem ser claras, objetivas e plenamente entendidas. O questionário é composto por vários tipos de perguntas.

- Perguntas-filtro
  Servem para verificar se está sendo entrevistada a pessoa correta, ou se a pergunta seguinte deve ou não ser aplicada. Por exemplo: você costuma jantar fora todo final de semana? Se a resposta for afirmativa, responder a próxima pergunta; se, negativa, responder a de número 6, hipoteticamente.

- Perguntas abertas
  Dão ao entrevistado a oportunidade de expor seu ponto de vista sem restrições. As perguntas abertas dificultam e encarecem a tabulação dos dados e podem dar margem a interpretações viesadas.
- Perguntas fechadas
  Perguntas cujas respostas são previsíveis. As alternativas para respostas já estão definidas. A pergunta dicotômica (pergunta que oferece apenas duas oportunidades de resposta: sim ou não) é uma pergunta fechada.
- Perguntas de múltipla escolha
  Perguntas que aceitam mais de uma alternativa de resposta. Por exemplo: quais marcas você conhece do produto P?
- Perguntas de caracterização
  São usadas para identificar características do entrevistado (sexo, idade, faixa de renda, nível cultural, escolaridade).
- Perguntas com escalas de avaliação
  São usadas para que o entrevistado dê uma nota, dentro de uma escala predefinida (por exemplo, escala de 1 a 5). Em muitos casos, as perguntas com escalas são associadas a uma característica qualitativa: muito satisfeito = 5; satisfeito = 4; nem satisfeito/nem insatisfeito = 3; insatisfeito = 2; e muito insatisfeito = 1.
- Perguntas com escalas de concordância (Likert)
  Avaliam, por meio de graus de aprovação/desaprovação ou concordância/discordância, as informações que são expostas para serem opinadas. Por exemplo: a assistência técnica oferece uma solução rápida. Concordo totalmente; concordo em termos; nem concordo/nem discordo; discordo em termos; discordo totalmente.

É fundamental que se faça um pré-teste do questionário antes de se iniciar o trabalho de campo. Um pré-teste irá verificar a fluidez e a estrutura lógica do questionário, as possíveis reações dos entrevistados, o entendimento das questões e o tempo despendido na entrevista.

O quadro 5 apresenta um exemplo de questionário.

Quadro 5

EXEMPLO DE QUESTIONÁRIO

Pesquisa de recall (xampu)

1. A senhora tem TV em casa?
   ( ) Sim ( ) Não (encerre)
2. A senhora estava assistindo TV ontem, entre 18 e 20 horas?
   ( ) Sim ( ) Não (encerre)
3. Que canal estava assistindo?
   ( ) Canal 5 ( ) Canal 11 ( ) Outros canais (encerre)
4. Quais as propagandas de que a senhora se lembra de ter visto ou ouvido, nesta hora?
   ( ) Xampu ( ) Outras

(Se não citou xampu): A senhora se lembra de ter visto/ouvido propaganda de xampu?
   ( ) Sim (marca) ____________ ( ) Não (dados de classificação)

5. Como era a propaganda?
   ( ) Descrição correta ( ) Descrição incompleta ( ) Descrição errada
6. O que a senhora entendeu desta propaganda?
   ( ) Mensagem completa ( ) Mensagem incompleta ( ) Mensagem errada

Dados de classificação____

Plano de amostragem

A definição de um plano de amostragem correto, consistente e alinhado com os objetivos da pesquisa constitui uma etapa fundamental no processo de pesquisa. A definição inicial do plano de amostragem parte da identificação da população ou universo de interesse para a pesquisa (total de indivíduos de que se deseja obter informações). Fixado um universo de interesse, qualquer conjunto constituído exclusivamente por indivíduos desse universo é chamado de amostra da população.

A amostragem é um processo de seleção de uma parcela de indivíduos que preserva as mesmas características ou atributos relevantes para a pesquisa. Tais características são preservadas para que possam ser descritas e estudadas (estimadas) por meio da amostra.

Há uma série de vantagens em se trabalhar com amostras:

- custo baixo — trabalhar com amostras gera um menor investimento do que realizar um censo com o universo de interesse (obter os dados desejados com toda a população);
- rapidez na obtenção de dados — as amostras permitem maior agilidade no trabalho de campo;
- viabilidade — para certos casos, a amostragem é o único método viável, por exemplo, em testes destrutivos, para aferir e controlar a qualidade dos produtos;
- qualidade — as amostras possibilitam coletas de dados mais precisos, o que não pode ser garantido plenamente num censo.

A definição de amostras envolve a escolha do método de amostragem. Segundo McDaniel e Gates (2003:370), "essa seleção depende dos objetivos do estudo, dos recursos financeiros disponíveis, das limitações de tempo e da natureza do problema que está sendo investigado". Os principais métodos de amostragem podem ser classificados de duas formas: métodos de amostragem probabilística e métodos de amostragem não-probabilística.

A *amostragem probabilística* é um processo de seleção no qual cada unidade amostral na população tem uma probabilidade conhecida e diferente de zero de pertencer à amostra. A amostra é estabelecida por meio de um sorteio aleatório dos elementos que pertencem ao universo, garantindo assim uma seleção não arbitrária e sem distorções. Esse procedimento faz com que os resultados obtidos sejam representativos da população ou universo de interesse, pois há a possibilidade de estimar a diferença entre um valor encontrado na amostra e o valor real encontrado no universo. Essa diferença entre os valores é chamada de erro amostral. Nas amostras probabilísticas, fórmulas matemáticas são usadas para calcular o tamanho da amostra. O tamanho da amostra é determinado pelo nível de confiança desejado, isto é, a probabilidade de que o intervalo de confiança conterá o valor real da população, a margem de erro aceitável e a variância da população, ou seja, a dispersão dos resultados encontrados na amostra em relação à média dos resultados na população. A determinação do tamanho da amostra será comentada em detalhes, oportunamente, neste trabalho.

Os tipos de amostragem probabilística mais conhecidos são a amostragem aleatória simples, a amostragem sistemática, a amostragem estratificada e a amostragem por conglomerado.

De modo geral, denomina-se *amostra aleatória simples* o conjunto de dados extraídos ao acaso de uma população finita, previamente definida, de modo que em cada extração todos os elementos tenham a mesma probabilidade de serem escolhidos. A amostra aleatória simples é o tipo de amostragem mais conhecido e mais amplamente utilizado.

Na *amostragem sistemática*, os elementos da amostra serão selecionados aleatoriamente e será estabelecido um intervalo entre esses elementos.

Define-se um intervalo amostral *N* (tamanho da população) dividido por *n* (tamanho da amostra). Por exemplo: para selecionar os elementos de uma amostra de mil, numa população de 20 mil, estabelece-se um intervalo de 20.000/1.000 = 20; escolhe-se um número aleatório de 1 a 20 e, com esse número, soma-se sempre 20 para saber qual o próximo elemento da população que será selecionado.

Na *amostragem estratificada*, a população é dividida em grupos com características semelhantes e as amostras simples são construídas com esses grupos. O uso da amostragem estratificada aumenta a precisão da amostra pela redução da estimativa da variância da amostra. Às vezes, deseja-se conhecer a média e a variância de subpartes da população quando a estrutura é composta de partes diferentes. Por conveniência de seleção, pode-se considerar cada parte como um estrato e daí usar a amostragem estratificada. Por exemplo: considere a figura 2 como a representação esquemática de uma população, segundo características demográficas ou comportamentais que têm impacto sobre a compra de um produto estudado.

Figura 2

AMOSTRAGEM ESTRATIFICADA

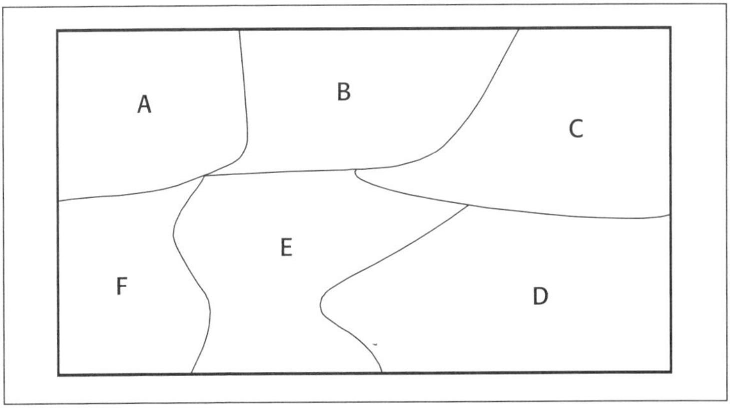

Fonte: Aaker et alii, 2001.

A amostragem estratificada se reduz porque são entrevistados todos os segmentos (no caso, de *A* a *F*), evitando assim que se corra o risco de deixar um ou mais segmentos sem representação, o que criaria um viés e, conseqüentemente, perda de confiabilidade nos resultados. Apesar de mais eficiente, as amostras estratificadas são usadas em poucos casos, pois o tempo e os custos de estratificação nem sempre se justificam para o tipo de informação que se deseja obter.

Na *amostragem por conglomerado*, em vez de elementos isolados, selecionam-se grupos denominados conglomerados, por exemplo, quarteirões, bairros e domicílios, sorteados para compor a amostra.

Na amostragem por conglomerados, a população freqüentemente é extensa e a estrutura existente apresenta-se na forma de conglomerados. A maior razão para o uso de conglomerados é a redução de custo por entrevista. O inconveniente é um possível aumento da estimativa da variância.

Na *amostragem não-probabilística*, a probabilidade de seleção de cada amostra da população é desconhecida para algumas ou para todas as unidades da população, podendo algumas unidades ter probabilidade nula de seleção. A amostragem não-probabilística adota um procedimento não-aleatório de seleção de amostras, ou seja, a escolha ocorre de forma arbitrária, levando-se em conta critérios subjetivos baseados na experiência e no julgamento do pesquisador. Segundo Malhotra (2001:305), "como não há maneira de determinar a probabilidade de escolha de qualquer elemento em particular para a inclusão na amostra, as estimativas obtidas não são estatisticamente projetáveis sobre a população". Qualquer amostra que não seja selecionada mediante critérios probabilísticos é considerada uma amostra não-probabilística. Os principais tipos são amostragem por conveniência, por julgamento e por cota.

Na *amostragem por conveniência*, são selecionados os elementos de uma população dos quais é mais fácil obter informações. De todos os tipos de amostragem, o critério de conveniência é o mais frágil, apesar de economizar tempo e dinheiro. As amostras por conveniência são apropriadas numa fase exploratória de dados, em grupos de discussão, pré-testes de questionários ou projetos piloto (Malhotra, 2001).

Na *amostragem por julgamento*, há uma seleção dos membros da população que apresentam as melhores perspectivas de fornecer as informações procuradas, da maneira mais precisa possível. O pesquisador tenta extrair uma amostra representativa com base no critério de julgamento (McDaniel & Gates, 2003). Apesar disso, a amostragem por julgamento também não tem nenhuma validade estatística, pois a população não é claramente definida. Amostras por julgamento podem, por exemplo, ser utilizadas em grupos de discussão, em testes de mercado para determinar o potencial de um novo produto e para avaliar tendências mediante respostas de especialistas e formadores de opinião em diferentes áreas do conhecimento. Numa pesquisa recente foram selecionados diferentes grupos de advogados trabalhistas, criminalistas e tributaristas, que usam freqüentemente a internet, para avaliar o conteúdo de um novo site de informações jurídicas.

Na *amostragem por cota*, procura-se estabelecer uma amostra que se identifique em alguns aspectos com o universo. Essa identificação pode estar ligada a características demográficas, geográficas, psicográficas e comportamentais. A quantidade a ser entrevistada é subjetiva, de acordo com a necessidade da pesquisa. As cotas são atribuídas de modo que a proporção dos elementos da amostra seja a mesma que a proporção de elementos da população com essas características. Isso significa dizer que a amostragem por cota preserva as mesmas características de interesse presentes na população. Entretanto, as amostras por cota não possuem validade estatística, já que os entrevistados não são selecionados aleatoriamente como seriam no caso de uma amostra probabilística.

Além disso, há detalhes importantes que devem ser considerados na definição do tamanho da amostra, no tocante à teoria estatística.

A exatidão estatística dos resultados de um levantamento de dados depende de quantas pessoas serão entrevistadas (tamanho da amostra). As necessidades de exatidão devem ser estabelecidas logo no início do planejamento de pesquisa, em função da complexidade ou risco envolvido na tomada de decisão. Assim, o tamanho da amostra envolve questões financeiras (disponibilidade de orçamento), gerenciais (diminuição da área de incerteza para a tomada de decisão) e estatísticas (precisão nos resultados, de acordo com a variância, o intervalo de confiança e a margem de erro).

Estabelecer as necessidades estatísticas de exatidão é semelhante a apostar em probabilidades. Você pode afirmar que as probabilidades são de que os resultados do estudo serão exatos, isto é, representarão o universo ou o todo do qual a amostra foi retirada, dentro de limites estabelecidos, tais como 2, 3 ou 5%. A margem de erro de uma pesquisa aumenta à proporção que o tamanho da amostra diminui. Os limites especificam a margem de erro. Quanto mais estreitos os limites, maior o tamanho da amostra. Existem tabelas básicas que mostram o tamanho da amostra para obter os resultados com uma determinada exatidão. Essas tabelas aplicam-se só às amostras probabilísticas (veja exemplo da tabela 1). Numa abordagem probabilística, o pesquisador é quem decide qual é a margem de erro aceitável para a pesquisa. Dependendo da margem de erro, a amostra terá necessariamente um determinado tamanho.

Tabela 1

TAMANHO DA AMOSTRA *VERSUS* MARGEM DE ERRO

Tamanho da amostra	Margem de erro (%)
100	10
300	6
400	5
1.000	3

Além da margem de erro, outro conceito importante para o cálculo de amostras é o chamado intervalo, nível ou índice de confiança, que mostra o quanto é possível confiar nos resultados. Em pesquisa de marketing, há alguns parâmetros de confiança já clássicos, que são utilizados por convenção: 68, 95, 95,5, 99 e 99,7%. A escolha do intervalo de confiança para uma pesquisa depende do tipo de estudo que se está executando, ou seja, depende do ramo científico no qual a metodologia de pesquisa é aplicada para a geração do conhecimento. Por exemplo, se for uma pesquisa da área de ciências sociais, cujo único objetivo é descobrir uma tendência de cunho acadêmico, é factível utilizar um índice de confiança de 68%. Se for uma pesquisa de cunho mercadológico, o aceitável é 95%. A grande maioria das pesquisas de marketing faz uso de intervalos de confiança de 95%. Porém, se for uma pesquisa da área médica, obrigatoriamente o estudo deve ter um índice de confiança de 99,7%, dado o caráter sensível com o qual se está lidando. Mas o que significa ter um nível de confiança de 95%, por exemplo? O índice de confiança indica que se fossem feitas 100 pesquisas para o mesmo fim, e com a mesma metodologia, em 95 delas os resultados estariam dentro das margens de erro utilizadas. A tabela 2 apresenta os diferentes níveis de confiança utilizados e respectivos valores da curva normal (ou curva de Gauss).

Tabela 2

Intervalos de confiança mais utilizados em pesquisa

Intervalo de confiança (%)	Índice Z
68,00	1,00
95,00	1,96
95,50	2,00
99,00	2,57
99,70	3,00

Assim como a margem de erro, o intervalo de confiança também é escolhido pelo pesquisador. Convém relembrar que a escolha não depende apenas de critérios estatísticos, mas de aspectos financeiros e gerenciais. Sempre se deseja escolher o maior nível de confiança combinado com a menor margem de erro, mas o custo precisa ser levado em consideração. É necessário avaliar se a relação precisão, nível de confiança e custo é vantajosa.

Para o cálculo do tamanho de amostras, há duas possibilidades: ou se deseja calcular amostras envolvendo médias, por exemplo, consumo médio mensal de litros de leite, ou envolvendo proporções, isto é, percentagem da população que tem lembrança de determinado anúncio publicitário. Para cada caso, há ajustes na fórmula de cálculo empregada, principalmente relacionados ao conhecimento do tamanho do universo pesquisado e da variância da população. Para o cálculo de médias ou proporções, os parâmetros de intervalo de confiança e margem de erro escolhidos para uma determinada pesquisa são aplicados nas fórmulas de cálculo amostral. Algumas fórmulas utilizadas para o cálculo amostral são apresentadas no quadro 6.

Quadro 6

FÓRMULAS BÁSICAS PARA O CÁLCULO DE TAMANHO DE AMOSTRAS

Legenda

N = tamanho do universo
n = tamanho da amostra
S^2 = variância da amostra*
e = valor de tolerância em relação aos resultados da pesquisa (erro amostral)
Z = desvio-padrão relacionado ao índice de confiança

Para cálculos envolvendo estimação de médias

Para universos infinitos:**

$$n = (S^2 * Z^2)/(e^2)$$

continua

Para universos finitos:***

$$n = (S^2 * Z^2 * N)/(S^2 * Z^2 + e^2 * (N - 1))$$

Obs. 1: quem determina S^2 é o pesquisador por meio de amostra piloto ou estimativa, pois a variância não é conhecida na grande maioria das vezes.
Obs. 2: Esta é uma forma de se estimar a variância de um universo sobre o qual não temos a menor informação:

$$S^2 = ((L - l)/6)^2$$

onde:
L = limite superior da estimativa da média;
l = limite inferior da estimativa da média;
$6 = \Delta Z$ que dá 99,7% de confiança.

Para cálculos envolvendo proporções

$$S^2 = 0{,}25$$

Obs.: Como a variância não é conhecida, estima-se a maior variância possível numa proporção de 50% favoráveis (½) e 50% desfavoráveis (½) em relação ao que estiver sendo analisado. Logo, ½ x ½ = 0,25.
Para universos infinitos:

$$n = (0{,}25 * Z^2)/(e^2)$$

Para universos finitos:

$$n = (0{,}25 * Z^2 * N)/(0{,}25 * Z^2 + e^2 * (N - 1))$$

* Variância: é uma medida de dispersão, ou seja, o grau de diferença entre um indivíduo e outro em relação a sua atitude quanto ao tema de interesse. A variância baseia-se no quanto uma resposta difere da média da população (Aaker et alii, 2001).
** Universos infinitos: universos muito grandes, difíceis de delimitar.
*** Universos finitos: universos geralmente menores, passíveis de delimitação.

Exemplos de aplicação das fórmulas de cálculo de amostras estão presentes no quadro 7.

Quadro 7

EXEMPLOS DE APLICAÇÃO DAS FÓRMULAS DE CÁLCULOS DE TAMANHO DE AMOSTRAS

1. Num país com cerca de 90 milhões de eleitores, deseja-se realizar uma pesquisa (a cerca de uma semana da eleição) para saber qual candidato tem as maiores chances de ganhar a disputa (candidato *A* ou candidato *B*). Sabe-se que o erro máximo admitido é de 2.700.000 eleitores e o nível de confiança para os resultados é de 95%. Qual o tamanho da amostra para essa pesquisa?

Considerações iniciais:

- ❑ pesquisa do tipo proporcional
- ❑ universo muito grande – fórmula para cálculo do tipo infinito.

$$n = (0{,}25 * Z^2)/(e^2)$$

Cálculos:

$$e \text{ (erro)} = 2.700.000/90.000.000 = 0{,}03 \text{ ou } 3\%$$

para 95% de confiança → $Z = 1{,}96$.
Então:

$$n = (0{,}25*(1{,}96)^2)/(0{,}03)^2 = 1.068 \text{ eleitores devem ser entrevistados}$$

2. Numa cidade do norte do país foi realizada uma amostra piloto para saber qual era o nível de consumo de tubos de pasta de dente por mês por família. Determinou-se a variância desta amostra piloto: 1,56. Tal cidade possui 2 mil famílias. É aceito como erro uma tolerância de 300 tubos de pasta de dente e um índice de confiança de 95%. Qual o tamanho da amostra se quisermos realizar uma pesquisa para saber o potencial de mercado desta referida cidade?

Considerações iniciais:

- ❑ pesquisa do tipo estimação de médias
- ❑ universo pequeno – fórmula para cálculo do tipo finito

$$n = (S^2 * Z^2 * N)/(S^2 * Z^2 + e^2 * (N - 1))$$

N (tamanho do universo) = 2.000
$S^2 = 1{,}56$
nível de confiança (95%) → $Z = 1{,}96$
e = 300 tubos de pasta → 300/2.000 = 0,15.
Logo:

$$n = (1{,}56*1{,}96^2*2.000)/(1{,}56*1{,}96^2+0{,}15^2*(2.000-1))$$
$$n = 235 \text{ a serem pesquisados}$$

continua

3. Uma tradicional fabricante de detergente está querendo conquistar novos mercados em outras cidades. Pelos dados de pesquisas realizadas em cidades que já atua, percebe-se que o consumo máximo por família chega a três embalagens por mês. Em uma nova cidade com 20 mil famílias, deseja-se determinar qual o seu potencial de mercado. Para tanto, aceita-se um nível de tolerância de 3 mil embalagens e um índice de confiança de 99,7%. Qual o tamanho da amostra para essa pesquisa?

Considerações iniciais:

- pesquisa do tipo estimação de médias
- universo grande – fórmula para cálculo do tipo infinito

$$n = (S^2 * Z^2)/(e^2)$$

Consumo máximo = 3 embalagens/mês

$$S^2 = ((L - l)/6)^2$$
$$S^2 = ((3-0)/6)^2$$
$$S^2 = 0{,}25$$

Nível de confiança (99,7%) $\rightarrow Z = 3$
$e = 3.000/20.000 = 0{,}15$.
Daí:

$$n = (0{,}25 * 3^2)/(0{,}15)^2 = 2{,}25/0{,}0225$$
$n = 100$ famílias a serem pesquisadas

Procedimentos de campo

Os procedimentos de campo comentados a seguir servem como parâmetro geral para a maioria dos processos de coleta de dados que envolvam a montagem de equipes de campo. A execução de entrevistas pessoais ou por telefone exigem, geralmente, a participação de entrevistadores cujo trabalho é coordenado por supervisores. Antes de se iniciar o trabalho de campo, os entrevistadores recebem um treinamento que envolve:

- informação sobre o objetivo da pesquisa;
- explicação minuciosa de cada pergunta e as instruções pertinentes, por exemplo, desconsideração de uma determinada pergunta em benefício de outra;
- demonstração da maneira mais apropriada de preenchimento do questionário;

- indicação dos locais para onde deve se dirigir e como encontrar a unidade a ser entrevistada (entrevista pessoal);
- delimitação do período da pesquisa.

O trabalho de campo é a parte mais cara e sujeita a erros em uma pesquisa. Os problemas mais comuns na fase do trabalho de campo são os seguintes:

- dificuldade de acesso aos entrevistados;
- recusa em cooperar;
- respondentes tendenciosos ou desonestos;
- entrevistadores tendenciosos ou desonestos;
- abordagem de público-alvo inadequada.

Em linhas gerais, o trabalho de campo demanda, além de uma seleção rigorosa e um treinamento prévio da equipe de coleta de dados, um questionário bem testado e livre de falhas, como forma de facilitar sua aplicação pelo entrevistador, uma supervisão eficiente e uma auditoria/verificação constante da coleta de dados.

Instrução aos entrevistadores

Quando se prepara o trabalho de campo, há um procedimento denominado instrução geral, no qual todas as técnicas de entrevistas são abordadas e transmitidas aos entrevistadores, e todas as eventuais dúvidas são esclarecidas, a fim de se evitar o máximo possível de futuras instruções individuais que, além de serem cansativas para o supervisor, prejudicam a padronização do estudo.

Durante a instrução, os entrevistadores deverão ter em mãos um documento chamado resenha de instrução, para que possam acompanhar de perto as explicações dadas pelo supervisor. Tal resenha deverá permanecer com os entrevistadores para consultas, durante todo o tempo de trabalho, sempre que houver necessidade. O quadro 8 mostra um exemplo de resenha de instrução para entrevistadores.

Quadro 8
EXEMPLO DE RESENHA DE INSTRUÇÃO PARA A COLETA DE DADOS

Instrução geral

Você é a *peça mais importante da pesquisa*, pois a coleta de dados é a etapa que determina a *boa* ou *má* qualidade de um estudo.

Se os dados forem coletados *erroneamente*, teremos *resultados falsos,* conseqüentemente, serão tomadas medidas erradas, relativas a uma política de mercado referente aos produtos em estudo.

Por este motivo, você encontrará as instruções para a execução correta do trabalho de campo, a fim de que este possa ser *padronizado para toda a equipe*. Com o objetivo de manter a padronização, o trabalho de coleta será por nós verificado, tomando-se como base as instruções dadas. Essa verificação é realizada no decorrer da pesquisa. Trata-se de um novo contato com o entrevistado, durante o qual o mesmo questionário que você aplicou será "checado" pergunta por pergunta. Caso as respostas da entrevista não coincidam com as anotadas por você no questionário, deve-se considerar a existência de fraude, e conseqüentemente todo o seu material será anulado. Será ainda considerada fraude qualquer atitude que desrespeite as instruções dadas.

O questionário deve ser corretamente preenchido: não deverão aparecer respostas em branco ou incompletas, e perguntas que deveriam ser respondidas. No caso do questionário incompleto, você deverá entrar em contato novamente com o entrevistado para completar o questionário.

Desejamos que você tenha muito sucesso nesta pesquisa e que possamos aproveitá-lo nas próximas oportunidades.

Agradecemos a sua colaboração e nós Supervisores lhe desejamos

Boa sorte!

Abordagem (entrevista por telefone)

1. A abordagem corresponde ao contato inicial com o entrevistado.
2. Durante a abordagem, dar destaque ao tempo estimado, enfatizando que é uma pesquisa simples e de curta duração.
3. Não esquecer de pedir a permissão para executar a pesquisa naquele momento.
4. Caso o entrevistado não possa atender à solicitação naquele momento, perguntar quando e a que horas seria ideal para você retornar a ligação e fazer a pesquisa.
5. Se encontrar resistência, afirme que são poucas perguntas e que você não vai tomar muito o tempo do entrevistado.
6. Leia atenta e claramente todas as perguntas de acordo com o questionário, sem ser mecânico.
7. Ficar muito atento às orientações que estão entre parênteses nos questionários (exemplo: pedir justificativa).
8. Quando preencher o questionário, seja fiel à resposta do entrevistado.
9. Nas perguntas de satisfação geral, ler pausadamente a escala para o entrevistado (por exemplo, ...considerando a seguinte escala: muito satisfeito; satisfeito; nem satisfeito, nem insatisfeito; insatisfeito; muito insatisfeito).
10. Seja claro na mudança de temas: produtos; serviços; atendimento técnico.
11. Qualquer dúvida ou dificuldade peça ajuda. Entre em contado com ____________, que vai atuar como supervisor da coleta de dados.

Todo entrevistador recebe também uma folha de recusa de respostas, a qual deverá ser controlada e analisada pelo supervisor. Durante a instrução geral o supervisor faz uma demonstração da maneira correta de anotar as respostas.

Após a análise dos questionários que contêm explicações sobre a instrução geral, os entrevistadores deverão efetuar algumas entrevistas simuladas para se familiarizar com o processo de coleta de dados.

O procedimento de checagem, muito comum em entrevistas pessoais ou por telefone, deve ser realizado com 20% das entrevistas diárias, selecionadas ao acaso. Além dessa amostra, devem ser checadas aquelas entrevistas que possam apresentar suspeitas de fraude. A checagem deve ser imediata às entrevistas, não só a fim de facilitar o trabalho do checador, pois o entrevistado, além de se lembrar da entrevista, ainda não teve tempo de mudar seus hábitos ou opiniões, mas também para evitar a anulação de um grande número de entrevistas por causa de possíveis fraudes.

Métodos de coleta de dados

Os principais métodos de coleta de dados utilizados pela pesquisa quantitativa são os seguintes:

- entrevista na rua ou no domicílio/escritório (entrevista pessoal);
- entrevista pelo correio (autopreenchimento);
- entrevista por telefone;
- entrevista pela internet.

Entrevista na rua (entrevista pessoal)

É preciso que o tema da pesquisa seja direcionado à população em geral, ou a segmentos específicos, por exemplo, clientes nos estacionamentos de supermercados dos quais sejam clientes, fotógrafos amadores na saída de lojas especializadas.

A representatividade da amostra com esse processo de coleta de dados é difícil de ser obtida. Assim, as instruções aos entrevistadores devem ser diretas e objetivas, por exemplo, mudar de calçada a cada meia hora, mudar de rua a cada duas horas, mudar de bairro todos os dias, a fim de garantir uma coleta de dados aleatória.

Entrevista no domicílio/escritório (entrevista pessoal)

É o método mais apropriado para questionários com muitas perguntas, além de conseguir respostas mais precisas.

Entrevista pelo correio (autopreenchimento)

O método de autopreenchimento reduz o custo do trabalho de campo, já que não utiliza entrevistadores. Contudo, a entrevista pelo correio possui os seguintes inconvenientes:

- baixo índice de respostas (3 a 5% do total dos questionários enviados);
- incerteza quanto às respostas dadas pela pessoa correta;
- ocorrência de questionários respondidos de forma incorreta;
- necessidade de carta ou texto introdutório explicativo;
- tempo para a chegada das respostas aumenta a duração da pesquisa;
- problemas com a representatividade da amostra em decorrência do baixo índice de respostas;
- e, em muitos casos, o método de autopreenchimento precisa de um estímulo (sorteio de algum brinde) para alavancar respostas, o que pode ocasionar, por vezes, um aumento do erro da pesquisa.

Há também como método de autopreenchimento: os chamados questionários auto-administrados. Esses questionários são, freqüentemente, aplicados em locais de tráfego intenso (pontos de fluxo), como *shopping centers* e parques, ou em ambientes de audiência cativa, como salas de aula, aviões e eventos. Os entrevistados recebem instruções de como preencher os questionários sem a colaboração do entrevistador (McDaniel & Gates, 2003).

Entrevista por telefone

Nesse método de coleta de dados, o questionário não é extenso e há a certeza de que o entrevistador está falando com a pessoa correta. A principal vantagem da pesquisa por telefone é a rapidez na coleta de dados. Atualmente, as entrevistas telefônicas são assistidas por computador — *computer assisted telephone interviewing* (Cati) —, agilizando ainda mais o processo de tabulação e análise dos dados. Contudo, o índice de perdas nas entrevistas por telefone também é grande, pois geralmente esse procedimento depende de listagens nem sempre atualizadas e qualificadas do universo a ser estudado.

O telefone também é muito utilizado para a marcação de entrevistas pessoais ou como complemento para recontatar entrevistados que não responderam a alguma pergunta do questionário, especialmente questionários via mala direta.

Entrevista pela internet

A popularização da internet tem trazido um influxo significativo para as propostas de uso da rede como meio para realizar pesquisas de mercado, pois traz as seguintes vantagens:

- acesso a um grande número de pessoas;
- possibilidade de obter amostras da população com um foco específico;
- possibilidade de realização de todos os recursos de uma entrevista pessoal ou telefônica;
- viabilidade de fazer chegarem ao respondente imagens e animações;
- velocidade em compilar os dados;
- redução de custos.

No entanto, nem todas as pesquisas pela internet têm-se mostrado eficientes ou eficazes. A falta de um entrevistador para dar assessoria ao entrevistado, assim como os tamanhos dos questionários, são limitadores do uso da pesquisa pela internet. E, mesmo por via da rede, o canal utilizado acarreta diferença nas taxas de respostas: os *chats* de entrevistas, por exemplo, têm resultado em taxas de resposta mais altas do que as pesquisas respondidas via e-mail.

Em alguns casos são utilizados painéis, nos quais a comunicação entre seus membros é feita tipicamente por e-mail ou telefone. Assim como em malas diretas, o oferecimento de um incentivo para o retorno da pesquisa é importante quando se usa a internet, gerando assim um potencial para criação de um grande banco de dados, mesmo que as taxas de respostas para pesquisas *online* situem-se hoje, apenas, na melhor das hipóteses, entre 15 e 30%, menor até que a taxa de retorno de pesquisas realizadas por telefone.

A utilização de questionários em janelas (*pop-up*) tem sido cada vez mais comum entre as empresas que procuram o serviço *online*, geralmente indústrias, por apresentarem taxas de respostas elevadas em relação às pesquisas *online*, em amostras do tipo simples. A amostragem é simples por causa dos seguintes fatores:

- o pesquisador tem controle sobre quem é incluído ou não na amostra, sem que se perca seu caráter aleatório;
- todos os que visitam o site têm a mesma probabilidade de serem selecionados;
- respondentes repetidos são eliminados por *cookies* ou outros meios de identificação;
- do mesmo modo que na entrevista pessoal, uma vez abordado, o respondente tem informações sobre como será a pesquisa, podendo decidir completá-la ou não;
- a taxa de não-resposta pode facilmente ser calculada.

A questão da abordagem tem-se constituído numa das preocupações primordiais de pesquisas pela internet, já que a ela se associa considerável parcela da taxa de retorno da pesquisa. Hoje já se sabe que é preciso convidar as pessoas a participar, por meio de um convite feito pelo e-mail, no qual se explique a natureza do trabalho, sensibilizando e incentivando o respondente a concluir o questionário.

É importante que os questionários sejam disponibilizados em sites e não simplesmente por e-mail como arquivos de textos, para maximizar a taxa de retorno. Por outro lado, recomenda-se oferecer algum tipo de incentivo para o retorno dos respondentes, que não o financeiro.

Alguns cuidados adicionais precisam ser tomados em pesquisas pela internet:

- o tempo gasto pelo respondente não deve ser superior a 10 minutos;
- o tempo de navegação entre uma página e outra não deve ultrapassar oito segundos;

- as questões devem limitar-se ao espaço de uma página/janela, para que se evite a necessidade de rolagem;
- a linguagem deve ser clara ao público internauta, permitindo o autopreenchimento;
- as perguntas abertas devem ser concisas e objetivas, com claras orientações, uma vez que não é possível explorá-las;
- o questionário deve ter um *layout* que possa ser aberto em qualquer tipo de *browser*.

Existem outras indagações que devem ser feitas com respeito a pesquisas na internet. Por exemplo: Uma pesquisa com internautas, ou por meio de internautas, pode projetar resultados para toda a população? Quem, de fato, responde à pesquisa, e qual a qualidade das respostas? Onde hospedar a pesquisa?

Um dos maiores entraves à realização de pesquisas utilizando a internet reside na homogeneidade da população estudada, um problema quando se pretende atingir um universo mais amplo de pessoas. Em qualquer pesquisa, para o universo ser considerado de forma correta, todos, em tese, devem ter a mesma chance de acesso à internet. Se fizéssemos uma pesquisa de satisfação dos moradores de uma cidade com o seu atual prefeito, deveríamos ter certeza que 100% deles (ou uma parcela significativa de cada segmento da população) têm acesso à web, o que certamente não acontece. Portanto, o universo já inviabilizaria este método e a pesquisa não teria fundamento estatístico.

Com o intuito de enfrentar essa restrição, algumas empresas marcam previamente a entrevista por telefone e disponibilizam *notebooks* com acesso à rede.

O quadro 9 mostra, de forma sintética, um comparativo entre os principais métodos de coleta de dados.

Quadro 9

Comparação entre os métodos de coleta de dados

Entrevista pessoal	Telefone	Autopreenchimento
Contato direto entre entrevistador e entrevistado	Apenas contato verbal entre entrevistador e entrevistado	Não existe contato entre entrevistador e entrevistado
Versatilidade alta	Versatilidade média	Versatilidade baixa
Representatividade alta	Representatividade média	Representatividade baixa
Custo alto	Custo moderado em relação à entrevista pessoal	Custo baixo em relação à entrevista pessoal
Grande quantidade de dados	Baixa quantidade de dados	Baixa quantidade de dados
Retorno alto	Retorno médio	Retorno baixo em geral
Demora na coleta de dados	Coleta de dados relativamente rápida	Relativa demora na coleta de dados (exceto internet)

De maneira geral, os principais pontos a destacar do quadro 9 são os seguintes:

- a entrevista pessoal é ainda a melhor opção para minimizar os possíveis vieses de uma pesquisa, porém, é o método mais caro;
- a entrevista telefônica é o método mais rápido de coleta de dados, com a vantagem de ter abrangência nacional ou internacional com um custo/benefício compensador;
- o autopreenchimento é a opção mais barata, mas com um retorno geralmente baixo.

Entre os métodos de coleta de dados citados, vale destacar o método de observação. Nesse método, o comportamento real do público-alvo é estudado, a fim de se identificar particularidades, padrões de comportamento e características que impactam na decisão de compra, mas que não são facilmente identificáveis com os métodos tradicionais de levantamento de dados. Baseado nos métodos da etnografia, ramo da antropologia que se dedica à pesquisa de campo, o método de observação utiliza-se de câmeras, registros fotográficos e a presença participativa do pesquisador no *habitat* do consumidor, por exemplo, em supermercados, lojas, praias, danceterias e até mesmo na própria residência do consumidor para investigar e entender o comportamento efetivo das pessoas.

O método qualitativo de observação, também chamado de marketing etnográfico, ainda é pouco utilizado por empresas no Brasil, visando a interpretar fatos sociais. Contudo, o método se apresenta como uma alternativa aos outros métodos de coleta de dados que não têm o alcance suficiente para compreender o comportamento real do consumidor, atendo-se mais ao mapeamento de intenções de compra e a aspectos aspiracionais ou atitudinais.

Como todo método de coleta de dados, a observação também tem suas vantagens e desvantagens. As vantagens dizem respeito à questão da avaliação do comportamento efetivo, com a obtenção de dados que jamais seriam notados em pesquisas convencionais, e pela tendenciosidade reduzida do relato. Segundo McDaniel e Gates (2003:165), "observar o que as pessoas fazem, em vez de depender de seus relatos, tem uma vantagem óbvia e significativa: os observadores vêem o que as pessoas de fato fazem, em vez de depender do que elas dizem ter feito".

Já as principais desvantagens do método de observação são:

- as razões do comportamento podem não ser determinadas;
- a percepção seletiva do pesquisador pode tornar os dados tendenciosos;

- os dados observacionais exigem tempo e são dispendiosos;
- em alguns casos pode ser antiético adotar o método de observação sem o conhecimento ou o consentimento das pessoas.

Preparação e tabulação dos dados

Após a coleta de dados, a fase de tabulação e processamento é crítica para transformar os dados coletados em análises e conclusões úteis para a tomada de decisões. A preparação dos dados coletados para a tabulação e análise envolve a aplicação de três técnicas: edição, codificação e ajuste estatístico dos dados (quando necessário).

Segundo Aaker e co-autores (2001), a função da edição de dados é identificar omissões (alguma pergunta sem resposta), ambigüidades (por exemplo, respostas ilegíveis), inconsistências (um dentista respondeu que não possui curso superior) e erros nas respostas (um entrevistado marcou a mesma alternativa em todas as questões). Para resolver tais problemas há algumas alternativas disponíveis para o pesquisador:

- se a pergunta for muito importante, contata-se novamente o entrevistado;
- se o questionário estiver com muitas falhas, elimina-se o questionário todo, substituindo-o;
- se o problema estiver focalizado em poucas perguntas de baixa relevância, pode-se cogitar eliminar apenas essas perguntas, mantendo-se assim o equilíbrio do questionário;
- se as respostas estiverem ilegíveis ou omissas (por exemplo, o entrevistado deixou em branco o campo de resposta), as respostas podem ser classificadas dentro de uma categoria do tipo "não sabe" ou "não sei";

- outra possibilidade para as perguntas omissas é considerar um valor médio para a variável em questão, comparando com as outras respostas do questionário.

A codificação dos dados refere-se ao processo de agrupar e designar códigos numéricos às várias respostas a uma determinada pergunta. A maioria das perguntas em uma pesquisa é fechada e pré-codificada. A codificação de perguntas abertas é mais complexa, pois envolve um julgamento por parte do pesquisador. O quadro 10 exemplifica a codificação de uma pergunta aberta.

Quadro 10

EXEMPLO DE CODIFICAÇÃO DE PERGUNTA ABERTA

Pergunta: Por que você bebe essa marca de cerveja? (a marca foi citada na pergunta anterior)

Respostas típicas:

1. Porque é mais gostosa
2. Tem um sabor melhor
3. Gosto do sabor que ela tem
4. Não gosto do sabor pesado das outras cervejas
5 É a mais barata
6 Compro a cerveja que estiver em oferta
7. Não faz mal para o estômago como as outras
8. As outras marcas me dão dor de cabeça. Esta não
9. Essa sempre foi minha marca
10. Eu bebo essa marca há mais de 10 anos
11. É a marca que a maioria do pessoal lá no trabalho bebe
12. Todos os meus amigos bebem essa marca
13. Não tenho idéia/não sei
14. Nenhum motivo em particular

Categoria de resposta	**Itens de resposta**	**Código numérico**
Mais gostosa/gosta do sabor/mais gostosa que as outras	1, 2, 3, 4	1
Preço mais baixo	5, 6	2
Não dá dor de cabeça/ problemas de estômago	7, 8	3
Já usa há muito tempo/ hábito	9,10	4
Amigos bebem/influência de amigos	11,12	5
Não sabe	13,14	6

Quando necessário, os ajustes estatísticos dos dados ajudam a aprimorar a qualidade dos mesmos para a análise. Os procedimentos mais comuns de ajustes são os seguintes:

- *atribuição de pesos* — dependendo da importância das respostas e de quem emitiu a resposta, o pesquisador pode atribuir um peso para a variável analisada. Por exemplo, se numa pesquisa de lançamento de um novo sabor de uma bebida *ice* se deseje ter um maior peso nas opiniões dos jovens, o pesquisador poderá dar peso dois às respostas dos jovens e peso um para as demais;
- *reespecificação de variáveis* — por exemplo, as razões para se comprar um carro, com 10 categorias de respostas, que podem ser reagrupadas em quatro categorias: desempenho, preço, *design* e marca;
- *transformação de escalas* — por exemplo, se as vendas são medidas em reais e os preços em centavos de real, ambas as variáveis precisam ser trazidas para uma unidade de medida comum.

Após a preparação dos dados, chega o momento da tabulação dos dados. A tabulação visa determinar a distribuição de freqüências das variáveis que foram investigadas, isto é, o número de entrevistados que deram respostas possíveis a cada pergunta, gerando as estatísticas descritivas conhecidas como médias e percentagens. "As estatísticas descritivas podem oferecer números precisos, simples e significativos para sumarizar as informações de um grande conjunto de dados" (Aaker et alii, 2001:450). A tabulação dos dados pode envolver a tabulação de perguntas simples, de múltipla escolha, de perguntas abertas e com escalas de juízo de valor (por exemplo, escalas do tipo ótimo, bom, regular, ruim e péssimo).

Vale destacar aqui a *tabulação cruzada*, que é a técnica estatística mais utilizada pelas pesquisas de marketing. A tabulação cruzada é a verificação das respostas a uma pergunta em relação às respostas a uma outra ou mais perguntas de um questionário. A maioria dos estudos de mercado não vai além da tabulação cruzada em termos de análise, pois a verificação de uma associação existente entre duas variáveis nominais geralmente é suficiente para atender aos objetivos da pesquisa. A tabela 3 apresenta um exemplo de tabulação cruzada.

Tabela 3

EXEMPLO DE TABULAÇÃO CRUZADA

	Leite A			Leite B			Leite C			Total		
	f	%V	%H	f	%V	%H	f	%V	%H	f	%V	%H
Marca	15	50	38	12	40	31	12	40	31	39	43	100
Embalagem	3	10	43	2	6	29	2	7	29	7	8	100
Preço	4	13	19	8	27	38	9	30	43	21	23	100
Sabor	8	27	35	8	27	35	7	23	30	23	26	100
Total	30	100	33,3	30	100	33,3	30	100	33,3	90	100	100

% V (%vertical) calculado sobre o total da coluna.
% H (% horizontal) calculado sobre o total da linha.

Atualmente há vários *softwares* de pesquisa disponíveis no mercado que facilitam todo o processo de preparação, tabulação e análise dos dados. Entre os existentes, há os *softwares* profissionais, por exemplo, o SPSS, Sphinx e Statgraphics e os semiprofissionais, *softwares* de banco de dados e planilha eletrônica que são utilizados para o processamento dos dados de pesquisa, mas que foram desenhados para suprir outras funcionalidades.

Análise e apresentação de resultados

A análise de dados é a descrição dos resultados da tabulação referente aos valores relevantes (médias e percentuais). A análise deve separar o todo em partes e verificar o quanto cada parte influencia no todo. A tabulação cruzada é particularmente importante para realizar tal análise. Na análise de dados, também é necessário verificar se os resultados dos cruzamentos de variáveis do questionário colaboraram na explicação do fenômeno estudado.

Os resultados encontrados devem ser agrupados de forma a apresentar as soluções para o problema-chave e para os objetivos da pesquisa. Os resultados mais importantes devem ser necessariamente apresentados por meio de gráficos. Os gráficos facilitam o entendimento das análises realizadas, sendo poderosas ferramentas visuais de persuasão.

Há vários tipos de gráficos que podem ser utilizados para a apresentação dos resultados. Os gráficos de linhas são úteis para apresentar estatísticas que foram mapeadas ao longo do tempo. Os gráficos de pizza são de uso freqüente. Já os gráficos de barras (gráficos de barras simples, gráficos de barras por agrupamento, gráficos de barras empilhadas e gráficos de barras tridimensionais de fileiras múltiplas) são os mais flexíveis entre os três tipos de gráficos comentados. Na figura 3 há exemplos de gráficos de linhas, de pizza e de barras.

Figura 3

EXEMPLOS DE GRÁFICOS PARA APRESENTAÇÃO DE RESULTADOS

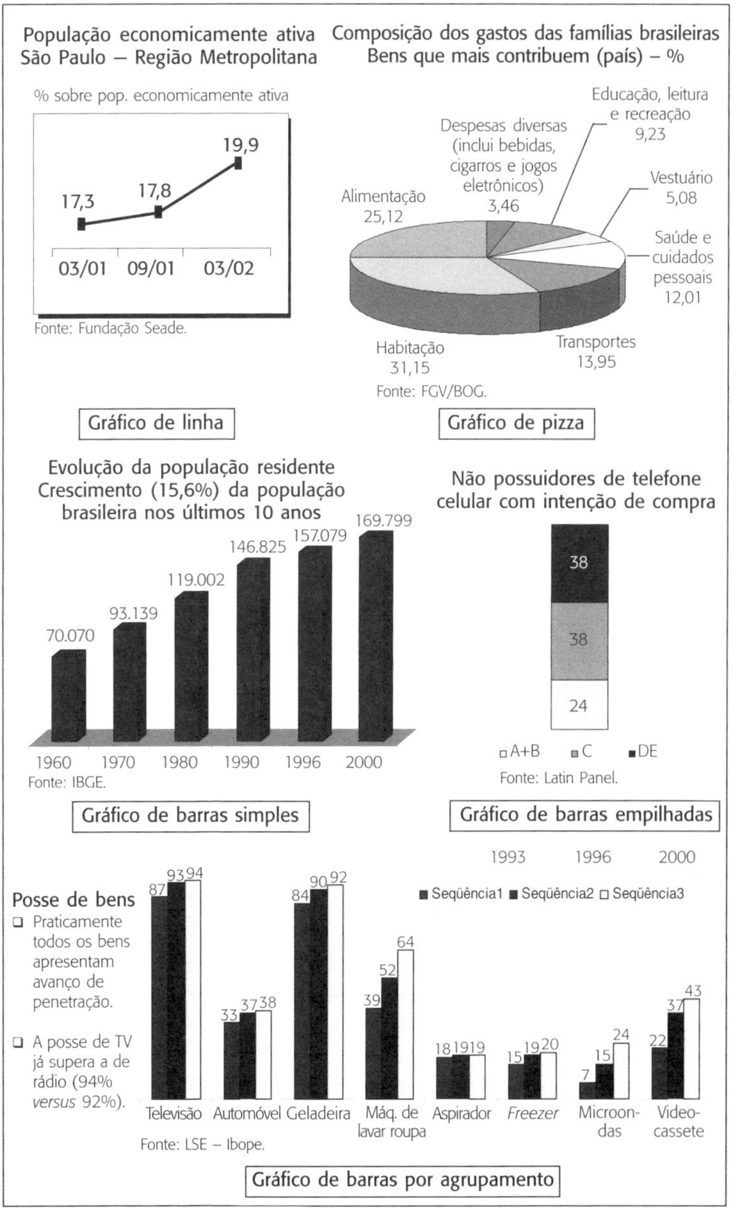

Relatório final de pesquisa

O relatório de pesquisa de marketing deve ser detalhado o suficiente para ser capaz de oferecer aos tomadores de decisão subsídios concretos acerca do objeto estudado. Segundo McDaniel e Gates (2003:506),

> O relatório de pesquisa de marketing (...) deve atender aos seguintes objetivos:
>
> *Explicar por que a pesquisa foi feita.* Uma breve declaração das motivações para a realização da pesquisa é muitas vezes útil para os usuários colocarem a informação no contexto.
>
> *Declarar os objetivos específicos da pesquisa.* Todo relatório (...) deve ter uma lista detalhada dos objetivos (...).
>
> *Explicar como foi realizada a pesquisa* (...).
>
> *Apresentar os resultados da pesquisa.* As descobertas básicas (...) devem ser claramente enumeradas (...).
>
> *Fornecer conclusões e recomendações.* (...) a pesquisa precisa fornecer (...) recomendações claras que fluem dos resultados da pesquisa. (...) Os usuários precisam compreender que (...) não são apenas opiniões do pesquisador.

Assim, o relatório final deve ser organizado para responder ao problema de pesquisa e para atender aos objetivos da pesquisa, com uma redação clara e concisa, fazendo uso de uma descrição detalhada dos resultados obtidos, apoiada fortemente pela apresentação de gráficos.

O conteúdo básico de um relatório de pesquisa destaca os seguintes pontos:

- o problema mercadológico e os objetivos da pesquisa;
- a metodologia utilizada;
- o plano de amostragem;

- os resultados obtidos (descritivos e gráficos);
- as conclusões e as recomendações;
- materiais anexos: tabelas processadas, modelo de questionário aplicado, relação de entrevistados (quando for pertinente) e material coletado no campo (amostra e folhetos, por exemplo).

As conclusões presentes no relatório de pesquisa são generalizações que respondem às perguntas levantadas pelos objetivos da pesquisa, advindas de um processo de indução. Já as recomendações são obtidas pelo processo de dedução (McDaniel & Gates, 2003). As melhores recomendações de uma pesquisa são aquelas que contribuem para a estratégia do negócio, permitindo ao tomador de decisão visualizar as alternativas de aplicação das informações na esfera estratégica, tática e operacional do marketing.

Recomenda-se sempre que o relatório de pesquisa seja acompanhado por uma apresentação oral dos resultados. Essa atividade é imprescindível, pois muitos dos tomadores de decisão nunca lerão o relatório escrito por completo, sendo a apresentação oral o único ponto de contato com as descobertas do estudo.

Por fim, o relatório de pesquisa representa o ponto crucial entre os esforços do pesquisador e as expectativas do contratante de pesquisa. Caso a apresentação por escrito ou oral dos resultados atinja o efeito desejado, contribuindo realmente para a tomada de decisão, o pesquisador terá novas oportunidades de negócios pela frente.

5 Pesquisa qualitativa

A pesquisa qualitativa é um estudo não-estatístico que identifica e analisa profundamente dados não-mensuráveis — sentimentos, sensações, percepções, pensamentos, intenções, comportamentos passados, entendimento de razões, significados e motivações — de um determinado grupo de indivíduos em relação a um problema específico. Segundo McDaniel e Gates (2003:120), "não existe maneira melhor do que a pesquisa qualitativa para compreender a fundo as motivações e os sentimentos dos consumidores". Aaker e co-autores (2001:206) dizem que "o propósito da pesquisa qualitativa é descobrir o que o consumidor tem em mente". A pesquisa qualitativa é a técnica por excelência na compreensão em profundidade do "porquê o consumidor faz o que faz", "age como age", "pensa como pensa" ou "sente como sente".

Além das iniciativas persuasivas de marketing e de comunicação, as decisões de escolha de uma marca, as preferências de consumo e as mudanças de comportamento são também influenciadas e motivadas pelo próprio universo do consumidor: suas percepções de valor, seu cotidiano, sua visão de mundo, suas características de personalidade, suas realizações, frustrações e sonhos. A pesquisa qualitativa tem o alcance suficiente para descobrir essas variáveis não-mensuráveis, que moldam e ajudam a determinar as escolhas dos consumidores.

Que lição se pode tirar disso tudo? Em primeiro lugar, dados mensuráveis muitas vezes não trazem profundidade suficiente para entender o comportamento do consumidor. Em segundo lugar, respostas em profundidade são geradas apenas pela abordagem qualitativa. Por último, vale destacar que a pesquisa qualitativa não é nem inferior nem superior à pesquisa quantitativa, que foi discutida no capítulo 4. Ela trabalha e contribui com a quantitativa, mas dentro do seu escopo e finalidade. Cabe ao profissional de marketing empregá-la da maneira adequada e pertinente, tendo em vista se os objetivos da pesquisa demandam esse tipo de abordagem.

O uso da metodologia qualitativa

A abordagem qualitativa é altamente recomendada quando:

- não se dispõe de mapeamento anterior em relação a um determinado problema;
- é necessário gerar hipóteses sobre opiniões, usos, costumes, imagens, aceitação de produtos, percepções, crenças, experiências, estilo de vida, comportamentos passados e presentes e intenções que poderão ser futuramente testadas quantitativamente;
- deseja-se verificar mudanças de valores, hábitos e atitudes do consumidor;
- pretende-se avaliar reações a novos produtos ou a mudanças de produtos;
- pretende-se avaliar motivos de preferência/rejeição de marcas (*likes & dislikes*);

- o objetivo é qualificar o posicionamento de determinada marca num segmento de mercado;
- o objetivo é ajudar a interpretar informação previamente obtida em pesquisa quantitativa.

Em relação ao último tópico, é importante enfatizar que a pesquisa qualitativa pode fornecer subsídios para a montagem de uma pesquisa quantitativa, isto é, pode ser usada antes de se aplicar uma pesquisa quantitativa. McDaniel e Gates (2003:122) dizem que "a pesquisa qualitativa, ao se fundir com medidas quantitativas, oferece uma maior compreensão da demanda dos consumidores".

Características e limitações da pesquisa qualitativa

Boa parte da pesquisa qualitativa tem caráter exploratório. Dada essa característica, a metodologia de coleta de dados é dinâmica e bastante flexível, sendo guiada na quase totalidade das vezes por um roteiro predeterminado de perguntas e técnicas.

A pesquisa qualitativa necessita de um apuro na análise, a fim de que se possa perceber, entre os dados coletados, quais são relevantes para com os objetivos da pesquisa. A tabulação dos dados adota uma abordagem interpretativa, valendo-se muito do preparo e da experiência do pesquisador. Isso também exige um rigor no recrutamento dos entrevistados, pois não há espaço para erros na seleção da amostra. Afinal, isso pode comprometer os resultados finais do estudo.

As amostras na pesquisa qualitativa são pequenas e selecionadas mediante critérios subjetivos e arbitrários do pesquisador, não sendo necessário nenhum cálculo estatístico para se determinar o tamanho da amostra. Aqui está a principal limitação do estudo qualitativo: os resultados encontrados não podem ser extrapolados para o universo. Como o processo de seleção de amostras é arbitrário, excluindo-se qualquer parâmetro estatístico para se chegar à composição final da amostra de pesquisa, os resultados não são representativos do universo. Seria ingênuo imaginar que um grupo entre oito e 12 mulheres que compram cosméticos é representativo de todas as mulheres que compram cosméticos em *shopping centers* ou com consultoras de vendas ou por meio de catálogo. Contudo, isso não significa que a pesquisa qualitativa possui uma "deficiência irreparável". Seu propósito simplesmente não é conferir representatividade aos resultados, mas garantir que estes sejam profundos na compreensão do consumidor. Como foi visto anteriormente, a representatividade é tarefa da abordagem quantitativa.

Planejamento da pesquisa qualitativa

Pode-se argumentar sobre a importância de haver um roteiro para a pesquisa qualitativa, que é um guia de discussão aplicado nas entrevistas individuais em profundidade ou nas entrevistas em grupos de foco, também chamados grupos de discussão, desenvolvido com base nos objetivos da pesquisa para servir de parâmetro ao moderador/entrevistador.

Apesar de óbvio, vale dizer que o roteiro de pesquisa nada se parece com um questionário de pesquisa, que é o instrumento clássico de coleta de dados utilizado em pesquisas quantitativas.

O roteiro é estruturado com perguntas abertas, que permitem a obtenção de respostas em profundidade. Contudo, um roteiro não é feito apenas de perguntas. Na medida do possível, o roteiro de pesquisa qualitativa deve fugir do esquema tradicional de inquérito (perguntas e respostas). O modelo de inquérito desgasta o andamento da dinâmica e a boa vontade do respondente em colaborar, sem produzir, ao mesmo tempo, a profundidade desejada.

O uso de testes de projeção são exemplos de outras técnicas aplicadas no desenvolvimento de um roteiro de pesquisa. As técnicas projetivas são uma forma não estruturada e indireta de perguntar, que incentiva os entrevistados a projetarem suas motivações, crenças, atitudes ou sensações a respeito de um problema em estudo. A grande vantagem das técnicas de projeção é pedir que os entrevistados interpretem o comportamento de terceiros, e não o deles. O que isso significa e proporciona?

Indiretamente, quando falam de outros, os entrevistados acabam projetando as suas próprias motivações, crenças ou sensações, fazendo com que suas atitudes sejam reveladas. Alguns tipos de técnicas projetivas estão descritos a seguir:

- *associação de palavras* — o pesquisador diz uma ou mais palavras e o entrevistado responde com o que primeiro lhe vem à cabeça, de acordo com o contexto que está sendo abordado na entrevista;
- *associação de fotografias* — uma série de fotos de diferentes situações, lugares ou pessoas que são selecionadas para explorar indiretamente alguns tópicos previstos no roteiro de pesquisa;
- *desenhos de clientes* — é proposto aos entrevistados que desenhem o que sentem ou como eles percebem um determinado assunto ou objeto.

Técnica da terceira pessoa: busca-se levantar os sentimentos dos entrevistados pedindo a eles que respondam por terceiros, como "seu amigo", "colega de trabalho" ou "a maioria das pessoas".

Outros tipos de técnicas: testes de complementação de frases ou histórias, testes de cartum, contar histórias.

Um roteiro de pesquisa bem construído apresenta algumas etapas bem definidas, que podem ser visualizadas na figura 4.

Figura 4

MODELO GENÉRICO DE ROTEIRO DE PESQUISA QUALITATIVA

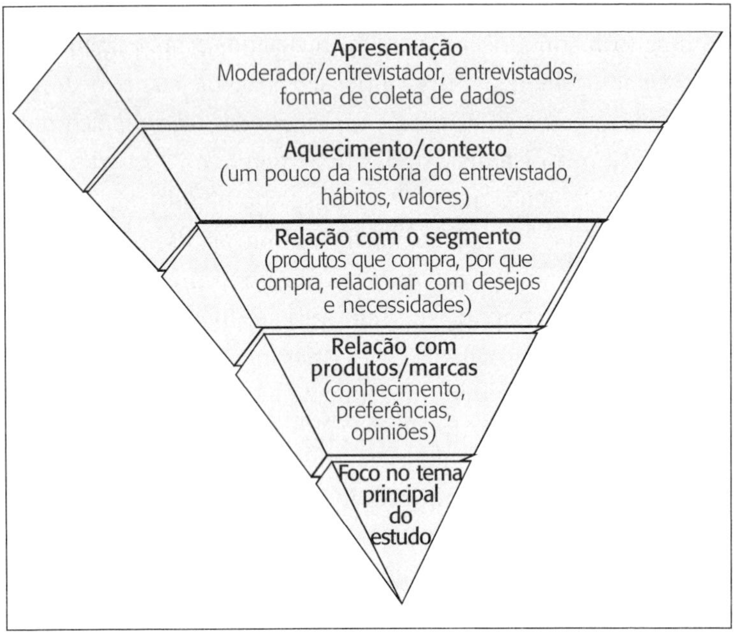

A primeira etapa apresenta o moderador/entrevistador e os objetivos da pesquisa, bem como solicita a colaboração dos entrevistados e apresenta a forma de coleta de dados (grupos de foco ou entrevista pessoal em profundidade).

A segunda etapa envolve o que se chama em inglês de *warm-up*, ou seja, o aquecimento da entrevista para uma coleta de dados rica e proveitosa. A etapa de aquecimento introduz a discussão num contexto genérico, tomando por base a realidade de vida, o cotidiano dos entrevistados. A utilização de uma abordagem ampla no início da entrevista visa facilitar a discussão das questões de maior interesse previstas mais à frente no roteiro. Numa pesquisa qualitativa para empreendedores de empresas incubadas de alta tecnologia, poder-se-ia, por exemplo, utilizar como aquecimento as seguintes questões:

1. De que forma fazer parte de uma empresa de alta tecnologia que está nascendo contribui para a busca da realização profissional?
2. Quais dificuldades vocês estão encontrando nesse percurso?

A terceira etapa começa a direcionar a discussão para o segmento relevante ao estudo. Aqui, são mapeados os produtos/serviços comprados e as possíveis razões de compra vinculadas às necessidades e desejos dos consumidores. Na pesquisa com os empreendedores, a questão a seguir ilustra o direcionamento da discussão para o segmento de interesse: em situações que envolvam o investimento em empresas de base tecnológica, instituições públicas e privadas tais como X, Y, Z e W são conhecidas. Vocês já buscaram linhas de financiamento com elas alguma vez?

Naturalmente as relações dos produtos com nomes de marcas surgem por meio do conhecimento, preferências e opiniões dos consumidores. Uma pesquisa com os empreendedores adotou a seguinte abordagem:

1. Quais opiniões vocês têm a respeito dessas instituições públicas e privadas?
2. O que mudaria para vocês se essas instituições deixassem de existir?

Por fim, na última etapa do roteiro, o foco da discussão fica centrado nos pontos de maior interesse do estudo. Os empreendedores da pesquisa de alta tecnologia ficaram a maior parte do tempo da entrevista conversando a respeito das seguintes questões:

1. Essas instituições estão fazendo uma série de propostas em novas linhas de incentivo para pequenos empresários;
2. Vocês acreditam que essas inovações em serviços podem facilitar o relacionamento dos incubados com essas instituições?

3. Muitas dessas instituições visam a fomentar o desenvolvimento. Vocês acreditam nisso?

Aaker e co-autores (2001:214) dizem que "geralmente, o mais indicado é iniciar com uma discussão genérica e ir-se detalhando as questões específicas, pois o caminho contrário pode influenciar a visão geral. (...) é mais fácil lidar com questões específicas quando são precedidas de uma discussão geral".

Recrutamento e seleção de entrevistados

No recrutamento de entrevistados para uma pesquisa qualitativa, seja para grupos de foco seja para entrevistas individuais em profundidade, é importante prestar atenção, simultaneamente, a três grandes questões.

- O perfil desejado de público-alvo está sendo usado como parâmetro para o recrutamento e a seleção dos participantes?
- A escolha dos entrevistados leva em conta a homogeneidade demográfica e socioeconômica existente entre eles, garantindo similaridade nas percepções e motivações de consumo?
- Os entrevistados recrutados são capazes de responder aquilo que se deseja saber?

Respostas adequadas a essas questões são fundamentais na estruturação de uma adequada amostra de pesquisa qualitativa.

- Qual o perfil desejado para a pesquisa? Mulheres, entre 30 e 35 anos, que trabalham fora, tenham cargo executivo em empresas e que sejam ao mesmo tempo donas de casa, com filhos pequenos?

- Ou pais com filhos adolescentes, entre 13 e 16 anos, que viajam de férias pelo menos uma vez por ano ao exterior?
- Ou homens e mulheres, entre 25 e 40 anos, casados, sem filhos, que estejam redecorando o apartamento onde moram?
- Ou, quem sabe, diretores de marketing de empresas privadas, multinacionais americanas, com faturamento acima de 1 bilhão por ano e com mais de 700 funcionários?

Seja pessoa física seja jurídica, o perfil do público-alvo deve estar claro para quem encomenda uma pesquisa e para quem é contratado para entregá-la. Muitas vezes, quando a empresa solicitante não possui nenhum banco de dados de relacionamento com os clientes, faz-se necessário recorrer a estudos secundários ou a *mailings* qualificados para se criar a base de onde será extraída a amostra de pesquisa. Muitas amostras para grupos de discussão e entrevistas individuais são também formadas pela captação de potenciais entrevistados em locais públicos, em *shopping centers,* em determinadas regiões e estabelecimentos comerciais.

A Associação Nacional das Empresas de Pesquisa (Anep) criou o Controle de Qualidade de Recrutamento em Pesquisas Qualitativas (CRQ). Desde 1997, o CRQ é um sistema de banco de dados, cujo acesso pode ser feito em qualquer computador conectado à internet, que registra todas as pessoas que participaram de pesquisas qualitativas no Brasil (todas as que foram informadas pelos institutos de pesquisa). O sistema possui dados de participantes das principais metodologias aplicadas à pesquisa qualitativa, entre elas as discussões em grupo, entrevistas individuais em profundidade e *Central Location* (uma loja ou sala em local comercial que serve como centro de pesquisas e para onde são levados os consumidores contatados previamente).

A verificação do CRQ na fase de recrutamento dos participantes para pesquisas qualitativas evita a incidência dos chamados respondentes profissionais. Assim, é possível controlar a qualidade das amostras e manter práticas comuns de mercado, por exemplo, não convidar pessoas que tenham participado de grupos há menos de um ano, ou que já tenham participado de grupos sobre o mesmo produto/serviço. Recentemente, a Anep incorporou novas melhorias nos padrões de segurança do CRQ, como forma de manter a acuracidade técnica e ética aos processos de seleção e recrutamento.

Trabalhar com grupos homogêneos para entrevistas significa obter uma amostra que se identifique com o universo-alvo da pesquisa, que conserve as suas características e atributos relevantes. Segundo Aaker e co-autores (2001:214), "como regra geral, não é desejável combinar pessoas de classes sociais diferentes ou (...) em estágios diferentes na vida, por causa das diferenças em suas percepções, experiências e habilidades". Entrevistar no mesmo grupo de foco donas de casa que moram, respectivamente, na região dos Jardins, região nobre de São Paulo, e do Jardim Ângela, periferia da cidade, parece não ser uma boa idéia. Então, quais e quantas variáveis demográficas e socioeconômicas devem ser consideradas? Faixa etária? Nível de renda? Escolaridade? Local de moradia? Estado civil? Ocupação? Estilo de vida? Geralmente, entre três e quatro variáveis são selecionadas para compor o perfil do público-alvo de uma pesquisa. Com um número maior do que esse, há um aumento significativo na complexidade de se chegar à amostra desejada. Em relação a quais variáveis selecionar, não queremos estabelecer regras; portanto, o que vale ainda é a necessidade de estratificação do público-alvo para a pesquisa.

Os "recrutas" são capazes de responder aquilo que se deseja saber? Se houver cuidado com a definição do perfil do público-alvo e uma preocupação clara com a homogeneidade, provavelmente a amostra será adequada e trará respostas mais do que satisfatórias. Contudo, para estimular o levantamento de informações em profundidade, alguns fornecedores de pesquisa usam "dentro de um grupo aparentemente homogêneo (...) usuários e não-usuários do produto, serviço ou marca em questão" (Aaker et alii, 2001:214).

Usuários e não-usuários são figuras freqüentes em grupos de foco, além dos já comentados "respondentes profissionais", e realmente podem contribuir para um confronto saudável de idéias entre os participantes, ainda mais se forem selecionados de forma isenta, por exemplo, fazendo uso do CRQ, e de acordo com os critérios demográficos ou econômicos do público-alvo em estudo (Aaker et alii, 2001). Infelizmente, a prática na seleção desses participantes algumas vezes não é adequada: alguns prestadores de serviços em pesquisa deturpam o processo de recrutamento e seleção, solicitando aos recrutados que finjam que são usuários ou não-usuários de uma marca ou produto. Isso, quando não extrapolam essa prática para o restante dos participantes da amostra. Conseqüência dessa ação? Viés na coleta de dados, gerando uma distorção na qualidade dos resultados e um enorme prejuízo de informação para o tomador de decisão.

Métodos de coleta de dados em pesquisa qualitativa

As duas técnicas de coleta de dados mais utilizadas nas abordagens qualitativas são as discussões em grupo (ou *focus groups*, no original em inglês) e as entrevistas individuais em profundidade.

Discussões em grupo

O objetivo principal em trabalhar com discussões em grupo é conseguir uma visão aprofundada sobre os problemas de interesse do pesquisador, ouvindo um grupo de pessoas do mercado-alvo. As discussões em grupo proporcionam um confronto de idéias entre os participantes, comentários muitas vezes inovadores e *insights* interessantes a respeito do assunto abordado. Com essa técnica, é possível:

- avaliar conceitos e atributos de novos produtos;
- gerar hipóteses sobre opiniões, costumes, crenças, valores, experiências, atitudes e estilo de vida;
- gerar idéias criativas para o desenvolvimento de campanhas de propaganda;
- gerar informação útil para estruturar um questionário de pesquisa;
- ajudar a interpretar informações oriundas de uma pesquisa quantitativa.

Como citado, um grupo de discussão deve incluir pessoas que tenham características homogêneas em termos demográficos e socioeconômicos. Tomando-se esse cuidado, normalmente com três ou quatro grupos de discussão obtém-se um resultado satisfatório na coleta de dados. Segundo Aaker e co-autores (2001:214), "o analista (...) consegue muito aprendizado na primeira discussão. A segunda (...) produz (...) pouca coisa nova. Geralmente, por volta da terceira ou quarta sessões, quase tudo que é dito já foi ouvido, e existe pouco a ser ganho com outros grupos". A hora de parar com os grupos de discussão ocorre então quando as informações começam a se repetir, o que é muito positivo para controlar e otimizar os altos investimentos destinados para esse tipo de metodologia de coleta.

As características básicas que compõem um grupo de discussão são as seguintes:

- grupos entre sete e nove pessoas, com dois grupos no mínimo. Um grupo serve para controle e o outro para a experiência;

- duração da entrevista em grupo gira em torno de 1h30min a 3h;
- grupos homogêneos em suas características como *target*: gênero, faixa etária, classe econômica e outras variáveis comportamentais relevantes, por exemplo, estilo de vida ou hábitos e costumes;
- mediação dos grupos feita por profissionais especializados (muitas vezes em psicologia, ciências sociais e antropologia);
- presença de um profissional de taquigrafia;
- ambiente especialmente preparado e locado para tal atividade: sala equipada com circuito de áudio e vídeo, espelho falso e serviço de *buffet* para os participantes; por trás do espelho há uma sala reservada para os profissionais da empresa contratante, que têm a possibilidade de acompanhar e corrigir os rumos da discussão;
- incentivos para os entrevistados após a participação mediante a distribuição de brindes e o pagamento do transporte como ajuda de custo.

Cabe ressaltar aqui o papel do moderador como um dos fatores influenciadores no sucesso de um grupo de discussão. Um moderador experiente cria empatia suficiente com os entrevistados para manter um ritmo dinâmico na discussão, provoca a motivação de exposição de opiniões e crenças profundas e preserva o distanciamento como forma de garantir a qualidade dos dados que serão analisados e interpretados posteriormente. Colocar qualquer um para fazer a mediação de grupos de discussão é altamente desaconselhável, apesar de existirem cada vez mais moderadores não preparados que cumprem tal função.

Segundo Malhotra (2001:161-2), as principais vantagens das discussões em grupo são as seguintes:

- *sinergia* — a interação entre os entrevistados produz um maior número de informações aprofundadas do que nas respostas individuais;
- *reação em cadeia* — os comentários de uma pessoa desencadeiam respostas positivas ou negativas dos outros participantes;
- *estímulo* — o grupo de entrevistados tende a responder com interesse e expectativa aos estímulos gerados pelo moderador sobre cada tópico em questão;
- *espontaneidade* — as respostas dos entrevistados podem ser espontâneas e não-convencionais, gerando *insights* para a tomada de decisão;
- *velocidade* — a coleta e a análise de dados são mais rápidas se comparadas com as entrevistas em profundidade, pois várias pessoas estão sendo entrevistadas ao mesmo tempo.

As principais desvantagens podem ser resumidas como:

- *equívoco metodológico* — os resultados podem ser usados erroneamente se forem considerados representativos do universo em vez de exploratórios;
- *personalidade dos entrevistados* — alguns entrevistados podem inibir a interação do grupo, sendo introvertidos ou extrovertidos demais, e outros podem se posicionar como os "formadores de opinião", tentando monopolizar as atenções durante a discussão;
- *julgamento incorreto* — os resultados podem ser interpretados de acordo apenas com as impressões do cliente e do pesquisador;
- *moderação* — como citado, a qualidade dos resultados depende da experiência do moderador;
- *confusão* — a abordagem não estruturada da coleta de dados torna a codificação, a análise e a interpretação das respostas um desafio para o pesquisador.

Entrevistas individuais em profundidade

As entrevistas individuais em profundidade seguem, tais quais as discussões em grupo, um roteiro previamente aprovado. Elas são utilizadas comumente para bens industriais e serviços, quando se pretende ouvir um público diferenciado que não pode participar de uma discussão em grupo (DG) ou ainda para corrigir problemas operacionais ocorridos em DGs. Por exemplo, numa pesquisa qualitativa realizada por uma empresa de *design* de móveis, uma série de entrevistas em profundidade poderia ser realizada com arquitetos e decoradores famosos, a fim de levantar as percepções desses formadores de opinião a respeito das novas tendências mundiais em *design* de móveis que estariam sendo usadas em projetos de arquitetura e decoração de interiores. Num outro caso hipotético, em que advogados teriam participado de um grupo de discussão para avaliar a viabilidade de um portal de informações jurídicas pela internet, os profissionais do direito teriam sido contatados posteriormente para esclarecer algumas opiniões surgidas na entrevista em grupo. Já uma empresa que comercializa um *software* de captura de pedidos de vendas pela internet poderia entrevistar uma série de gerentes e diretores comerciais de grandes empresas para avaliar o potencial de comercialização do produto.

Apesar de ser pautada pelo roteiro de pesquisa, a condução de uma entrevista em profundidade é orientada principalmente pelas respostas do entrevistado. No decorrer da entrevista, o pesquisador avalia as respostas e as usa como parâmetro para novas perguntas que possibilitem explorar em detalhes cada tema em questão. Malhotra (2001) chama isso de sondagem: ela é feita pela formulação de perguntas do tipo "O que leva você a acreditar nisso?", "Você pode detalhar mais esse ponto?" ou "Há alguma coisa que queira comentar?". A sondagem é prática constante nas entrevistas individuais em profundidade.

De acordo com McDaniel e Gates (2003), as entrevistas em profundidade têm como principais vantagens os seguintes aspectos:

- permitem que cada entrevistado revele suas mais sinceras opiniões, já que elas não estarão sob julgamento de outras pessoas;
- o entrevistado se vê como o centro das atenções, o que facilita a abertura para explorar pensamentos e idéias;
- o tempo dedicado à entrevista possibilita uma maior revelação de informações;
- novas perguntas podem ser improvisadas mais facilmente, em decorrência dos comentários e reações do entrevistado.

As principais desvantagens das entrevistas em profundidade são:

- esse tipo de entrevista requer um maior investimento em pesquisa;
- o entrevistado pode não ser sensibilizado o suficiente com a temática da pesquisa, prejudicando o aprofundamento das questões previstas no roteiro;
- as entrevistas em profundidade são mais demoradas e cansativas, demandando maior disponibilidade de tempo do entrevistado;
- o sucesso da entrevista está muito pautado na qualidade do entrevistador.

Análise e apresentação de resultados

A análise da pesquisa qualitativa é extremamente trabalhosa e requer muita atenção do pesquisador. Segundo Aaker e co-autores (2001:215), "a análise e a interpretação dos resultados é complicada pela extrema disparidade dos comentários geralmente obtidos, o que significa dizer que qualquer analista pode encontrar algo que seja convergente com seus próprios pontos de vista sobre o problema". Para evitar tal distorção, a primeira tarefa para uma análise correta dos dados qualitativos é ter em mãos o roteiro utilizado. De posse do roteiro, deve-se realizar a transcrição *ipsis litteris* do que foi comentado pelos participantes dos grupos de discussão ou das entrevistas em profundidade. A transcrição deve conter tudo aquilo que foi falado, sem qualquer alteração ou interpretação do pesquisador, o que pode ser facilitado pelo uso da gravação em áudio.

Após o trabalho de transcrição, há o que se chama de codificação: as diferentes respostas dos entrevistados são agrupadas em tópicos (por exemplo, visão da imagem de marca e de atributos de um produto), visando encontrar similaridades e estabelecer comparações entre as respostas dos entrevistados.

Após a fase de codificação, há uma base geralmente sólida para o início da análise de dados. Nesse ponto a interpretação do pesquisador permeia todos os pontos codificados. Há uma análise acompanhada da reprodução de frases literais ditas pelos entrevistados, que servem para ilustrar as percepções dentro de um determinado contexto.

O relatório final contempla a metodologia empregada na pesquisa, o plano de amostragem utilizado (quantidade de grupos de discussão ou entrevistas em profundidade realizadas) e a análise em si. Vale destacar que a transcrição e a codificação dos dados não cabem no relatório de pesquisa. Apenas a análise com a reprodução das frases dos entrevistados faz parte do corpo do relatório final de pesquisa.

6

Segmentação de mercado

Dada a crescente oferta de produtos no mercado, a complexidade dos gostos e das preferências dos consumidores e o acirramento da concorrência, as empresas atualmente buscam se posicionar de maneira mais eficaz na procura de oportunidades rentáveis de mercado. Exceto em situações de monopólio, isto se reflete na adoção de estratégias de marketing que se afastem cada vez mais do "marketing de massa" ou "marketing indiferenciado" (Kotler, 1999), típico dos anos pós-guerra, em direção a diretrizes que procurem alcançar nichos de mercado mais especializados. Atualmente, não é mais possível que as empresas utilizem estratégias indiferenciadas de marketing, que tenham como alvo a totalidade dos mercados consumidores. Afinal, a meta de qualquer plano de marketing consiste em gerar valor para os consumidores, no atendimento de suas necessidades e desejos.

O processo de segmentação de mercado é um componente do planejamento organizacional que, ao lado da identificação do público-alvo e do posicionamento estratégico do produto no mercado, constitui as bases das decisões estratégicas de marketing de uma empresa.

Neste contexto, o processo de segmentação de mercado é de fundamental importância na criação de estratégias de marketing efetivamente eficazes. Segundo Weinstein (1995:18), a segmentação pode ser entendida como "o processo de dividir mercados em grupos de consumidores potenciais com necessidades ou características similares, que, provavelmente, exibirão comportamento de compra similar". Portanto, o primeiro passo para a otimização das estratégias de marketing das empresas no contexto contemporâneo leva a reconhecer que nem todos os produtos e serviços oferecidos são direcionados para todos os consumidores.

Objetivos gerais e específicos da segmentação

Dado o seu caráter estratégico nas decisões de marketing, Weinstein (1995) destaca que o processo de segmentação possui, como objetivo geral, buscar um melhor posicionamento competitivo da empresa no mercado e gerar valor para os seus consumidores, ao atender de maneira diferenciada as necessidades e os desejos destes.

São objetivos específicos da segmentação:

- buscar constantemente o aumento das vendas da empresa, tanto em unidades de produtos quanto em receita;
- propiciar um aumento de *market share* (participação no mercado);
- possibilitar uma valorização da imagem da empresa, almejando respeitabilidade por parte da sociedade e reputação por parte dos consumidores.

Benefícios e limitações da segmentação

A pesquisa de marketing e o estudo do comportamento do consumidor fornecem as informações necessárias à seleção dos critérios de segmentação de mercado adotados pelas empresas. Os benefícios principais da adoção de estratégias de segmentação podem assim ser destacados (Weinstein, 1995):

- permite a pesquisa e produção de produtos que atendam de maneira eficaz as necessidades do mercado e dos consumidores;
- auxilia na diminuição dos custos envolvidos na elaboração de estratégias promocionais eficazes, posto que tais esforços são dirigidos para os canais adequados;
- possibilita uma avaliação do estado do mercado, ao gerar uma imagem da posição da empresa no mercado e de seus concorrentes;
- oferece subsídios para a revisão constante das estratégias de marketing da empresa, devendo ser levada em consideração na projeção de cenários competitivos de curto, médio e longo prazos.

A segmentação tem algumas limitações, especialmente no que tange ao aumento dos custos das estratégias de marketing (planejamento, introdução, acompanhamento e revisão), além de necessitar de um comprometimento maior dos diferentes setores da empresa nos esforços de uma orientação para o mercado. Entretanto, uma segmentação bem-feita serve de base para todos os esforços de marketing, como, por exemplo, reposicionamento de marcas e orientação da comunicação. Um estudo de segmentação talvez se constitua no exemplo de pesquisa de marketing mais perene que existe.

Opções de segmentação

A segmentação é uma prática quase imperativa no marketing contemporâneo. No entanto, segmentar mercados não é algo homogêneo, tanto a estrutura dos mercados quanto as características dos consumidores diferem em função do produto e do nicho que se deseja atingir. Sendo assim, a empresa, ao adotar a segmentação, tem por escolha as seguintes orientações:

- *marketing diferenciado ou diferenciação* — a segmentação por diferenciação busca atender dois ou mais segmentos de mercado. Diferentes públicos-alvo necessitam de produtos com especificações diversas, e uma parcela significativa das empresas busca ter em seu portfólio diferentes produtos que atinjam segmentos diferenciados de consumidor. Atualmente, essa é a opção mais utilizada pelas empresas, especialmente pelas que possuem amplos recursos, atuam em diferentes mercados ou que possuem uma carteira diversificada de produtos;
- *marketing concentrado ou concentração* — ao contrário da anterior, sua estratégia é a de focalizar os esforços de marketing em apenas um segmento. Sua vantagem está no custo mais baixo em relação ao da diferenciação, sendo aconselhada para empresas iniciantes ou com recursos escassos;
- *marketing individualizado ou atomização* — também conhecida como *micromarketing*, implica o atendimento individualizado e especializado de cada consumidor por parte da empresa. Para muitos especialistas, esta é uma das novas tendências do marketing, pelo fato de ser compatível com uma era de "personalização em massa", dada a complexidade das necessidades, desejos, gostos e preferências dos consumidores. Além disso, é uma opção significativa de diferenciação das empresas, dadas a crescente oferta de produtos e a competitividade acirrada entre as empresas nos mercados. Sua principal desvantagem é o custo, muito mais elevado do que nas estratégias anteriores.

Critérios de segmentação

Não existe uma única fórmula para a segmentação de mercado. As bases adotadas devem ser testadas de maneira isolada para que as empresas possam buscar estratégias mais eficazes de participação de mercado. Vale ressaltar também que estes critérios não são exaustivos, sendo representativos dos principais crivos utilizados pelas empresas quando do planejamento de suas táticas de segmentação.

No caso dos consumidores finais, os critérios mais adotados pelas empresas na segmentação de mercado são os seguintes:

- *geodemográficos* — baseados em fatores como região geográfica (Norte, Nordeste, Sudeste, Sul e Centro-Oeste), tamanho do município, tamanho da cidade, concentração populacional (população urbana, suburbana ou rural), clima (tropical, temperado, frio), faixa etária (crianças, adolescentes, jovens adultos, adultos, idosos), gênero (masculino ou feminino) e número de integrantes da família;
- *socioeconômicos* — estágio de vida familiar, renda, classe social ou econômica, ocupação, nível de instrução, religião, raça, nacionalidade;
- *psicográficos* — estilo de vida, características de personalidade, valores, gostos, preferências e tendências de consumo dos indivíduos;
- *comportamentais* — taxa de uso do produto (freqüência e variedade de uso), benefícios procurados (qualidade, serviço, economia), grau de lealdade para com o produto (nenhum, leve, forte, absoluto), envolvimento emocional do consumidor (entusiasta, positivo, indiferente, negativo, hostil).

Já no caso dos consumidores organizacionais, os critérios permanecem praticamente inalterados, apenas sendo necessários alguns ajustes:

- *geodemográficos* — setor, tamanho da empresa, localização geográfica;
- *operacionais* — tecnologia, situação do usuário, capacidade dos clientes;
- *abordagem de compra* — organização da função de compra, estrutura de poder, natureza dos relacionamentos existentes, política geral de compra, critérios para a compra;
- *fatores situacionais* — urgência da compra, aplicação específica do produto, tamanho do pedido;
- *fatores pessoais* — semelhanças existentes entre vendedor e comprador, atitude perante o risco, lealdade.

Os critérios podem ser utilizados de forma isolada, ou combinada, sendo mais usual esta última. Como essa lista não é exaustiva, ela deve ser adequada à natureza do produto, bem como às características dos compradores. O uso de critérios de segmentação agrupados é chamado de *segmentação intermercados*.

Realização do estudo de segmentação

Inicialmente, deve-se identificar, por meio de pesquisas anteriores e de dados secundários, qual o público-alvo a ser enfocado. É muito importante conhecer, qualitativamente, como os consumidores se relacionam com o produto em estudo, segundo o(s) critério(s) escolhido(s), ou seja, geodemográfico, socioeconômico, psicográfico ou comportamental.

Os estudos mais completos são os que utilizam uma combinação de todos esses critérios, com ênfase especial nos psicográficos e nos comportamentais, pois, por meio deles, é possível segmentar os consumidores não apenas pelo comportamento de compra, mas também pelo estilo de vida, pelos valores, pelos gostos e preferências.

Um estudo de segmentação eficaz deve compreender as seguintes etapas:

- pesquisa qualitativa;
- pesquisa quantitativa;
- processamento e análise dos dados levantados;
- *targeting;*
- *positioning paper* da marca ou produto.

As três primeiras etapas levam à segmentação propriamente dita; as duas últimas permitem estabelecer, finalmente, o posicionamento do produto, como será visto na seção a seguir.

A forma mais eficaz de se proceder ao estudo qualitativo, que pretende verificar, em profundidade, como os consumidores agem, pensam e se relacionam com o produto objeto do estudo, é a utilização da técnica de *discussões em grupo*, conforme foi visto no capítulo 5, por meio da qual é possível detalhar, entre outros aspectos, os *likes* e os *dislikes,* isto é, os aspectos agradáveis e desagradáveis no relacionamento do consumidor com o produto, bem como sua experiência de compra.

Concluída a primeira fase, há uma excelente fonte de informações, a qual permitirá desenhar um detalhado questionário, que servirá de base à pesquisa quantitativa, prevista na segunda etapa, por meio da qual será possível obter os dados que serão processados e analisados, a fim de gerar a descrição dos segmentos-alvo.

Nessa etapa é importante definir uma amostra suficientemente ampla para que se possa cobrir todo o espectro dos diferentes clientes. É importante salientar que não se podem desconsiderar as particularidades geográficas da região que estiver sendo estudada, tomando-se o cuidado de estabelecer cotas de clientes a serem entrevistados pessoalmente, cobrindo as mais importantes e significativas áreas geográficas.

É comum que o questionário seja longo, muitas vezes atingindo até uma hora de entrevista. Em muitos casos, utilizam-se artifícios como o uso de *notebooks* ou *palmtops* nas entrevistas, a fim de que elas possam fluir mais rapidamente.

Uma vez coletados todos os dados, inicia-se a fase mais delicada: a de processamento e análise. Nesse momento, será necessária a utilização de técnicas estatísticas avançadas, por exemplo, as análises discriminante, fatorial e canônica, pelas quais os consumidores serão divididos em *clusters* (segmentos), em função da homogeneidade das respostas conferidas por eles a determinados pontos. Com isso, busca-se aglutinar características semelhantes que dividam as pessoas em grupos, de tal forma que elas sejam homogêneas dentro deles e heterogêneas entre eles. Quanto mais heterogêneos entre si forem os segmentos, mais eles realmente dividem os consumidores em grupos distintos.

Com isso, desenha-se o chamado *screening*, um questionário-filtro que objetiva verificar, em qualquer tempo, a pertinência da segmentação realizada. O *screening* deve ser composto por poucas questões, capazes de demarcar, especificamente, o grupo a que um determinado consumidor pertence. Essa é uma ferramenta de suma importância para estudos posteriores, pois permite que se busquem consumidores no *target* correto.

Posicionamento estratégico do produto

Após a conclusão do estudo de segmentação, inicia-se a fase de *targeting*, ou seja, de verificação; dentro dos segmentos encontrados, qual será o perfil de consumidores ideal para cada produto ou marca, de acordo com portfólio da empresa? Trata-se de uma fase muito importante, pois é o momento em que se traduzem os resultados da pesquisa para a realidade da empresa.

Se uma empresa estiver estudando uma segmentação de mercado que se traduza em posicionamento de marca, então o passo final é escrever o *positioning paper* da marca, ou seja, um resumo, em que se diga o que a marca representa para os clientes, seus valores e promessas básicas.

O *positioning paper* é um documento importante porque divulga, de forma clara, para toda a empresa, como a marca se posiciona no mercado, apontando os caminhos que devem ser seguidos em todo o trabalho de comunicação e desenvolvimento de produtos. Logo, é uma peça fundamental para ser disponibilizada tanto internamente quanto para a agência de propaganda que realiza o trabalho de comunicação com o mercado.

A melhor forma de construir o *positioning paper* é analisar o comportamento dos consumidores do segmento-alvo (segmento primário) no qual se pretende posicionar a marca, sem desconsiderar algum outro segmento que possa ser atingido pela marca em referência, apesar de não ser o mais identificado com ela (segmento secundário). Essa análise é importante porque os segmentos evoluem com o tempo, e devemos analisar se um segmento secundário tem condições de evoluir para primário, seja por meio do amadurecimento dos consumidores, seja por meio de ações de marketing ou de comunicação que possam ser planejadas para *puxar* os clientes para o segmento de maior interesse.

Um bom trabalho de segmentação é aquele que, quando concluído, oferece informações suficientes para "contar a história do consumidor de cada segmento", ou seja, para permitir que se entenda, de forma clara e distinta, o que ele espera, como pensa e age.

Conclusão

Aceitando o desafio de organizar uma ampla gama de conceitos em uma obra concisa, os autores deste livro procuraram lançar luzes sobre o entendimento do comportamento do consumidor, tanto final quanto organizacional, de acordo com o aporte conceitual das ciências do comportamento — psicologia, sociologia e antropologia — reconhecendo a importância da personalidade, do sistema social e da cultura como condicionantes do consumo, além dos fatores situacionais. A abordagem teórica foi ilustrada com exemplos da vida prática e complementada por alguns modelos que visam simplificar o entendimento das etapas do processo decisório em torno da compra, bem como sua relação com o envolvimento emocional e cognitivo das partes envolvidas.

Com base neste "tapete conceitual" e reconhecendo a importância da informação sobre o consumidor em uma operação de marketing, iniciou-se a discussão das principais aplicações da pesquisa de marketing como forma de alimentar o sistema de informações de marketing. O trecho em que se abordou o planejamento da pesquisa foi direcionado principalmente àqueles que, na posição de executivos de marketing ou de gestores principais, um dia poderão estar contratando serviços de um instituto de pesquisa.

Os capítulos em que foram abordadas as pesquisas quantitativa e qualitativa tiveram por objetivo esclarecer o leitor sobre as situações em que cada uma dessas vertentes prova-se mais adequada, reconhecendo sua possível complementaridade e evitando a dicotomia tão comum. Mais uma vez, a intenção dos autores foi muito mais contribuir para a criação de bons clientes de pesquisa, conscientes e capazes de avaliar propostas técnicas, do que formar pesquisadores. Estes últimos, segundo entendimento corrente, só se forjam na prática do próprio trabalho de campo.

Por fim, os conceitos de comportamento do consumidor e pesquisa de marketing foram sistematizados para subsidiar o entendimento da segmentação de mercado, não apenas como o reconhecimento de sua heterogeneidade, mas, fundamentalmente, como a decisão sobre que mercado atender com base na quantificação dos potenciais de resposta dos diversos grupos identificáveis. O reconhecimento crescente da individuação e a valorização da autoconsciência do consumidor do século XXI constituem uma megatendência tão importante em nossos dias, que preparar-se para lidar com um mercado supersegmentado já não pode mais ser considerado um diferencial, visto que é apenas uma condição de entrada. A intenção do presente livro é contribuir com este movimento bem-sucedido de seus leitores.

Bibliografia

Aaker, David; Kumar, V. & Day, George. *Pesquisa de marketing*. São Paulo, Atlas, 2001.

Berkowitz et alii. *Marketing*. 6 ed. Rio de Janeiro, LTC, 2003.

Bourdieu, P. *La distinction*. Paris, Seuil, 1984.

Brooks, D. *Bubos no paraíso: a nova classe alta e como chegou lá*. Rio de Janeiro, Rocco, 2000.

Campbell, C. *A ética romântica e o espírito do consumismo moderno*. Rio de Janeiro, Rocco, 2001.

Engel, J. F.; Blackwell, R. D. & Miniard, P. W. *Comportamento do consumidor*. 8 ed. Rio de Janeiro, LTC, 2000.

Featherstone, M. *Cultura de consumo e pós-modernidade*. São Paulo, Nobel, 1995.

Karsakilian, E. *Comportamento do consumidor*. São Paulo, Atlas, 2000.

Kotler, P. *Princípios de marketing*. 7 ed. Rio de Janeiro, LTC, 1999.

_____. *Administração de marketing: a edição do novo milênio*. São Paulo, Prentice Hall, 2000.

Levitt, T. A miopia em marketing. In: *A imaginação de marketing*. São Paulo, Atlas, 1985.

Malhotra, Naresh K. *Pesquisa de marketing: uma orientação aplicada.* Porto Alegre, Bookman, 2001.

Mattar, Fauze Nagib. *Pesquisa de marketing.* São Paulo, Atlas, 1997, v. 1.

McDaniel, C. & Gates, R. *Pesquisa de marketing.* São Paulo, Pioneira Thomson Learning, 2003.

Myers, D. *Introdução à psicologia geral.* 5 ed. Rio de Janeiro, LTC, 2002.

Nunes, J. M. G. Tecnologias informáticas e modos de subjetivação. Rio de Janeiro, PUC, 2000. (Tese de Doutorado.)

Rocha, A. & Christensen, C. *Marketing: teoria e prática no Brasil.* 2 ed. São Paulo, Atlas, 1999.

Samara, Beatriz S. & Barros, José Carlos de. *Pesquisa de marketing: conceitos e metodologia.* São Paulo, Prentice Hall, 2001.

Schiffman, L. G. & Kanuk, L. L. *Comportamento do consumidor.* 6 ed. Rio de Janeiro, LTC, 2000.

Silva, Ney. Mesa redonda — Bom Caminho. *Revista do Anunciante,* 6(52):16, 2003.

Solomon, M. *Comportamento do consumidor.* 5 ed. Porto Alegre, Bookman, 2002.

Sternberg, R. *Psicologia cognitiva.* Porto Alegre, Artes Médicas, 2000.

Underhill, P. *Vamos às compras!* Rio de Janeiro, Campus, 1999.

Weinstein, A. *Segmentação de mercado.* São Paulo, Atlas, 1995.

Anexo

Critério de Classificação Econômica Brasil

O Critério de Classificação Econômica Brasil (CCEB), endossado pela Associação Brasileira de Anunciantes (ABA), Associação Brasileira dos Institutos de Pesquisa de Mercado (Abipeme) e Associação Nacional das Empresas de Pesquisa (Anep), tem como função estimar o poder de compra/capacidade de consumo das pessoas e famílias urbanas, discriminando grandes grupos, de acordo com a posse de alguns bens materiais e o grau de instrução do chefe da família. Cada item representa uma pontuação que, somada com outras, divide os consumidores nas classes A1, A2, B1, B2, C, D e E. Segundo a versão do CCEB de dezembro de 2002, há no Brasil 1% de classe A1, 5% de classe A2, 9% de classe B1, 14% de classe B2, 36% de classe C, 31% de classe D e 4% de classe E. A tabela 4 ilustra os bens materiais presentes no critério, o grau de instrução do chefe de família e as respectivas pontuações que estabelecem os cortes de definição das classes econômicas.

Tabela 4

SISTEMA DE PONTOS DO CRITÉRIO DE CLASSIFICAÇÃO ECONÔMICA BRASIL

Posse de itens

	Não tem	Tem			
		1	2	3	4 ou +
Televisão em cores	0	2	3	4	5
Rádio	0	1	2	3	4
Banheiro	0	2	3	4	4
Automóvel	0	2	4	5	5
Empregada mensalista	0	2	4	4	4
Aspirador de pó	0	1	1	1	1
Máquina de lavar	0	1	1	1	1
Videocassete e/ou DVD	0	2	2	2	2
Geladeira	0	2	2	2	2
Freezer (aparelho independente ou parte da geladeira dúplex)	0	1	1	1	1

Grau de instrução do chefe de família

Analfabeto/primário incompleto	0
Primário completo/ginasial incompleto	1
Ginasial completo/colegial incompleto	2
Colegial completo/superior incompleto	3
Superior completo	5

Cortes do critério Brasil

Classe	Pontos	Total Brasil (%)
A1	30-34	1
A2	25-29	5
B1	21-24	9
B2	17-20	14
C	11-16	36
D	6-10	31
E	0-5	4

continua

Renda familiar por classes		
Classe	Pontos	Renda média familiar (R$)
A1	30-34	7.793
A2	25-29	4.648
B1	21-24	2.804
B2	17-20	1.669
C	11-16	927
D	6-10	424
E	0-5	207

O critério Brasil sofre várias críticas. As mais comuns estão relacionadas à ausência de itens como por exemplo telefone celular, microondas, *home theater*, com a afirmação de que qualquer um pode ser classe A, que pessoas de rendas diferentes pertencem à mesma classe (uma família da periferia de São Paulo pode ser classificada como classe A), que famílias pequenas ou indivíduos que moram sozinhos não podem atingir a pontuação máxima (um alto executivo que more num *flat*, com apenas um banheiro, uma televisão e um carro pode ser considerado classe B).

O grande equívoco em toda essa discussão está em enxergar o critério Brasil como uma ferramenta de segmentação por classe social. A idéia de construção do critério foi atender às necessidades de segmentação por poder aquisitivo, da grande maioria das empresas, com a pretensão de ser amplo o suficiente para discriminar o consumo da maior parte dos produtos de massa. O critério Brasil não visa segmentar classes sociais, nem estilo de vida, apenas o poder de consumo. Mesmo porque o conceito de classe econômica difere, e muito, do conceito de classe social. Isso explica o porquê de alguns bens materiais não serem incluídos na lista existente. "Alguns bens simplesmente não acrescentam poder de discriminação. Outros trariam uma instabilidade indesejável para o critério" (Silva, 2003). Muitos dos bens excluídos do CCEB são recentes (caso do microcomputador e do telefone celular) e ainda em fase de crescimento no mercado brasileiro. "O aparelho celular é o típico caso do item que está em fase de crescimento acentuado. Se tivesse sido incluído, em dois anos milhões de pessoas teriam mudado de classe apenas porque o produto se popularizou e não porque tivessem aumentado a capacidade de compra em geral" (Silva, 2003).

A Anep, na revisão recente do CCEB, trabalhou com o banco de dados do Levantamento Socioeconômico de 2000 do Ibope Mídia. A base de dados disponibilizada contempla os dados estatísticos das 27.928 entrevistas realizadas no ano 2000, nas nove principais regiões metropolitanas do país (Fortaleza, Recife, Salvador, Belo Horizonte, Curitiba, Porto Alegre, São Paulo, Rio de Janeiro e Brasília). Houve uma comparação do critério com posses de uma série de outros itens avaliados pelo Ibope. A comparação demonstrou que os itens considerados no CCEB continuavam válidos como poder de discriminação de estratos, reforçando a posição de que não era necessário no momento ampliar o escopo dos bens listados. A tabela 5 apresenta a avaliação do Ibope.

Tabela 5

Presença de alguns itens nos domicílios por classe

Item	Critério Econômico Brasil						
	A1	A2	B1	B2	C	D	E
Câmera de vídeo	58	39	22	10	2	0	0
Videogame	51	45	40	33	22	7	1
Máquina de secar roupa	55	39	26	16	7	2	0
Máquina de lavar roupa	64	43	23	11	2	0	0
Forno microondas	92	86	73	56	26	5	0
Linha telefônica	100	98	93	82	53	22	4
Telefone celular	99	88	73	55	31	12	4
Microcomputador	94	74	53	28	7	1	0
Impressora	91	69	46	22	4	0	0
CD *player*	98	96	90	82	60	30	7

O CCEB foi concebido para funcionar estatisticamente, trabalhando com coletivos. Para isso, o CCEB cumpre bem o seu papel. Afinal, o Brasil ainda é um país com péssima distribuição de renda. Segundo estatística do Instituto Brasileiro de Geografia e Estatística (IBGE), os 137 milhões de brasileiros pertencentes às classes C, D e E vivem atualmente com rendas mensais brutas inferiores a R$1.125. Para medir o poder de compra da população é preciso analisar a evolução do padrão de vida. Ainda estamos longe de conseguir maior heterogeneidade no poder aquisitivo das pessoas, daí a eficácia do CCEB em mapear a totalidade da capacidade de consumo da sociedade. Uma comprovação adicional da conveniência do CCEB é sua discriminação efetiva do poder de compra entre as diversas regiões brasileiras, revelando importantes diferenças entre elas. Veja a tabela 6 a respeito disso.

Tabela 6

Distribuição da população por região metropolitana

Classe	Total	Fortaleza	Recife	Salvador	Belo Horizonte	Rio de Janeiro	São Paulo	Curitiba	Porto Alegre	Distrito Federal
A1	1	1	1	1	1	1	1	1	1	3
A2	5	4	4	4	5	4	6	5	5	9
B1	9	5	5	6	8	9	10	10	7	9
B2	14	7	8	11	13	14	16	16	17	12
C	36	21	27	29	38	39	38	36	38	34
D	31	45	42	38	32	31	26	28	28	28
E	4	17	14	10	4	3	2	5	5	4

Para demandas específicas de classificação do consumidor em estilo de vida, valores e hábitos e costumes, outros critérios de seleção devem ser procurados em detrimento do critério Brasil. Se o interesse for pesquisar o universo das consumidoras da loja Daslu (São Paulo), em que se encontram as mais sofisticadas grifes da moda internacional, compradas por clientes que são capazes de despender R$30 mil em roupas para si mesmas ao longo de uma única tarde, certamente o CCEB não terá grande utilidade discriminatória.

É importante enfatizar que o CCEB ou qualquer outro critério econômico não é suficiente para uma adequada classificação em pesquisas exploratórias de caráter qualitativo. Quando necessário, deve-se procurar levantar, além do CCEB, o máximo de informações em profundidade sobre os entrevistados, por exemplo, comportamentos e razões de compra, preferências, interesses, motivações e características de personalidade.

Os autores

Roberto Meireles Pinheiro

Mestre em educação pela PUC-Rio, pós-graduado em administração pelo Coppead/UFRJ e engenheiro naval pela EE/UFRJ. Diretor da MKP Consultores e professor convidado da FGV.

Guilherme Caldas de Castro

Mestre em engenharia de transportes com ênfase em marketing pela Coppe/UFRJ, pós-graduado em análise de sistemas e estatístico pela Uerj. Professor e chefe do Departamento de Estatística da Uerj. Gerente de inteligência de marketing na América do Sul e Central para pneus de passeio da Michelin. Presidente do comitê de pesquisa e diretor da ABA. Professor convidado da FGV.

Helder Haddad Silva

Pós-graduado em comunicação com o mercado e publicitário pela ESPM/SP. Professor da Pós-Graduação em Marketing da Faap-SP e professor convidado da FIA/USP. Consultor de marketing do Cietec-Ipen-USP. Sócio-diretor da consultoria Sher Marketing. Professor convidado da FGV.

José Mauro Gonçalves Nunes

Doutor em psicologia pela PUC-Rio e psicólogo pela UFRJ. Foi professor do Departamento de Psicologia da PUC-Rio, professor adjunto e chefe do Departamento de Psicologia da Universidade Estácio de Sá e da Universidade Veiga de Almeida, e professor convidado da Universidade Candido Mendes-Centro. É vice-presidente do Instituto de Desenvolvimento Municipal e consultor organizacional. Professor convidado da FGV.